# Un encuentro con
# Latinoamérica

# Un encuentro con Latinoamérica

**Frederick Suárez-Richard**

**McGraw-Hill, Inc.**
New York  St. Louis  San Francisco  Auckland  Bogotá
Caracas  Lisbon  London  Madrid  Mexico City  Milan
Montreal  New Delhi  San Juan  Singapore
Sydney  Tokyo  Toronto

This book is printed on recycled paper containing a minimum of 50% total recycled fiber with 10% postconsumer de-inked fiber.

This is an  book.

Un encuentro con Latinoamérica

9 10 11 12 13 14 BKMBKM 9 9 8 7 6 5 4

ISBN 0-07-554421-0

Text and cover design by Donna Davis.
Cover photograph by Barbara Klutinis / Jeroboam, Inc.
Maps by Drake Jordan.

**Library of Congress Cataloging-in-Publication Data**

Suárez-Richard, Frederick.
Un encuentro con Latinoamérica  / Frederick Suárez-Richard, 1941–
      p.  cm.
     Spanish.
     ISBN 0-07-554421-0
     1. Spanish language—Readers—Latin America—Civilization.   2. Latin America—Civilization—Addresses, essays, lectures.   I. Title.
PC4127.L34S9   1983
468.6' 421
                                        83-2943
                                        CIP

Credit for photographs appear in position, with the following exceptions:
*page 1*, Walter D. Hartsough; *21*, Fujihira / Monkmeyer Press Photo Service; *55*, © Victor Englbert / Photo Researchers, Inc.; *113*, © Carl Frank / Photo Researchers, Inc.; *157*, Walter D. Hartsough.

# Preface

*Un encuentro con Latinoamérica* has been prepared to give intermediate and advanced students of Spanish an opportunity to come into contact with the culture and civilization of Latin America. Its purpose is to challenge students to gain an understanding of Latin America on the basis of its cultural heritage and its current state of development, rather than through the simplistic and negative image often portrayed in news coverage, which, with rare exception, is sensationalistic and repetitive. In addition, this book aims to develop the students' vocabulary, reading comprehension skills, and confidence in self-expression.

To facilitate communication, the language presented in this book is authentic and natural, the style simple and direct, and the content engaging. Given the vastness and complexity of Latin America, its coverage is selective, leaving out detail while concentrating on vivid, imaginative, and thought-provoking portrayal. Students are required to relate the topic of each chapter to their own culture and to relate past events to contemporary ones. This book's most distinctive feature is its emphasis on current issues, cross-cultural analysis, independent thinking, and classroom discussion. In each chapter these objectives are met through a combination of factual and personalized questions and a concluding activity.

I wish to thank everyone who helped make this book—the instructors who reviewed portions of the manuscript, the production staff of Random House in San Francisco, and my colleagues and friends for their invaluable enthusiasm and interest. In particular, I am grateful to Eirik Børve, who set this project in motion, and to Thalia Dorwick, who helped define its course. Mary McVey Gill deserves special thanks for her skillful editing and her generous support throughout its preparation.

FSR

# Índice

# I

# AMBIENTE
# Y POBLACIÓN

# 1

## El carácter de la tierra

La región del mundo que se llama América Latina o Latinoamérica está formada por un conjunto° de tierras y habitantes muy variados. Incluye lugares como Tijuana en el extremo norte y el Cabo de Hornos en el extremo sur. Entre estos dos puntos se encuentran veinte países latinoamericanos y la isla de Puerto Rico.* En área, la región es dos veces y media° más grande que los Estados Unidos. Está habitada por unos 370 millones de personas.

La mayoría de los latinoamericanos se han sentido desafiados° por las fuerzas de la naturaleza. La América Latina es una región donde predominan las montañas, los desiertos y las selvas. No posee campos tan amplios° y aptos para el desarrollo de la agricultura y la ganadería° como son las llanuras° del Medio Oeste en el interior de los Estados Unidos. En muchos lugares las tierras carecen de° fertilidad, ya sea porque llueve demasiado o porque no llueve nunca.

*Los veinte países son: Argentina, Bolivia, Brasil, Colombia, Costa Rica, Cuba, Chile, República Dominicana, Ecuador, Guatemala, Haití, Honduras, México, Nicaragua, Panamá, Paraguay, Perú, El Salvador, Uruguay y Venezuela. Tradicionalmente, el nombre Latinoamérica no incluye países de origen británico creados después de 1960 ni territorios que dependen de países europeos.

group

dos... two and a half times

challenged

broad, wide
cattle raising / plains

carecen... lack

Los veinte países de la América Latina

Para quienes están acostumbrados a vivir en lugares donde la naturaleza es relativamente dócil° y uniforme, resulta difícil identificarse con la situación que predomina en Latinoamérica. Allí la mayoría de los países están divididos en regiones naturales radicalmente diferentes. En algunas áreas la población está muy concentrada; en otras no vive nadie porque la naturaleza sigue siendo más fuerte que los seres humanos.

*easy to manage*

## El paisaje

En general, el paisaje latinoamericano en las áreas pobladas se distingue por la superabundancia de montañas y la escasez° de ríos útiles. Las montañas principales se extienden a lo largo de toda la región y forman un terreno muy quebrado.° En México existen tres sistemas montañosos que han contribuido a dificultar las comunicaciones entre las costas y el interior del país: la Sierra Madre Occidental,° la Sierra Madre Oriental° y la Sierra Madre del Sur. En la América Central hay dos regiones montañosas, una en el norte y otra en el sur, separadas por los Lagos de Managua y de Nicaragua. En la América del Sur hay montañas tanto en el este como en el oeste. Las del oeste forman parte de la imponente° cordillera de los Andes, una verdadera muralla° entre las costas del Pacífico y el interior del continente.

*lack, scarcity*

*rugged*

*Western / Eastern*

*imposing*
*wall*

Los Andes son formidables tanto por su altura como por su extensión. En altura, solamente las montañas del Asia (los Himalayas) sobrepasan a los Andes. Y en cuanto a su extensión, los Andes forman la barrera montañosa más larga del mundo, una muralla de 4.500 millas (7.240 kilómetros [km]) de largo. Es una muralla natural, formada por varios grupos de montañas y volcanes, que se extiende a lo largo del° continente, desde el oeste de Venezuela hasta el sur de Chile. Cruzar los Andes nunca ha sido fácil. Hay muy pocos pasos y están más altos que en las Montañas Rocosas de los Estados Unidos. Por ejemplo, el muy transitado° Paso de Uspallata en la frontera° chileno—argentina está a unos 12.500 pies de altura (casi 4.000 metros [m]).

*se… extends along the*

*traveled*
*border*

En la América del Sur también hay ríos que son tan colosales como las montañas. El más espectacular de éstos es el Amazonas. Nace en los Andes y desemboca° en el Atlántico, después de un recorrido° de 3.900 millas (6.300 km). Ni siquiera la distancia entre las ciudades de Nueva York y San Francisco es tan larga como este río. El Amazonas y sus tributarios forman un sistema fluvial° que se extiende por el interior de la América del Sur. El Amazonas podría ser tan útil como el río Misisipí, pero se encuentra en una

*it ends, empties*
*journey*

*river*

La selva desaparece bajo la fuerza de los tractores. En la selva amazónica ahora hay caminos y comunidades que no existían hace diez años. Son parte de ambiciosos y controversiales programas de colonización. (© *Rene Burri / Magnum Photos*)

región casi despoblada cuya importancia económica ha sido esporádica y periódica. En el interior de la América del Sur no hay grandes ciudades como St. Louis, Kansas City o Chicago.

La cuenca° del Amazonas es una inmensa selva tropical, la más grande del mundo y la menos estudiada. Si se encontrara en los Estados Unidos, ocuparía todo el territorio que está entre las Montañas Rocosas y el Océáno Atlántico. En esta inmensa región, gobernada por la naturaleza, la densidad de población es de sólo dos habitantes por milla cuadrada° (0.8 por km cuadrado).

Son pocos los países latinoamericanos que cuentan con áreas de suelo° fértil, libres de obstáculos naturales. El único país así dotado° cercano a los Estados Unidos es Cuba. Las otras islas de las Antillas también son montañosas, como México y los países de Centroamérica. México, además, es árido especialmente en el norte. En la América del Sur, solamente el Uruguay y partes del Brasil y de la Argentina poseen llanuras fértiles y relativamente amplias. Éstas se llaman *pampas*. La famosa pampa argentina, que se extiende al oeste y al sur de Buenos Aires, es el área agrícola y ganadera° más rica de toda Latinoamérica. La pampa es una llanura uniforme e interminable, donde no hay obstáculos

*basin*

*square*

*soil*
*endowed*

*cattle-raising*

entre uno y el horizonte. Por eso, para el pensador argentino Domingo Faustino Sarmiento, la pampa es como el mar.

## El clima

Hay mucha gente que cree que en Latinoamérica siempre hace calor y llueve mucho, ya que el 75 por ciento de la región se halla entre los dos trópicos, el de Cáncer y el de Capricornio. Sin embargo, Latinoamérica posee una gran variedad de climas que dependen de muchos factores, además de la latitud.

En cualquier país montañoso de Latinoamérica uno puede cambiar de estación viajando. Es posible salir de un lugar donde la temperatura está a 90 grados F. (32 grados C.) y llegar a otro donde está a 70 grados F. (21 grados C.) manejando pocas millas cuesta arriba.° Lo que hace que esto sea posible es la influencia de la altitud en la temperatura. Ésta desciende conforme° aumenta la altitud. Por eso, las cumbres° más elevadas de los Andes están siempre cubiertas de nieve, aun cuando se encuentran muy cerca del ecuador. Por cada mil pies de elevación, la temperatura del aire baja alrededor de 3.3 grados F. como promedio° (1 grado C. por cada 187 m). Este fenómeno natural causa grandes contrastes entre las tierras altas y las tierras bajas de un mismo país; en éste se dan dos estilos de vida completamente diferentes, no sólo por su clima sino también por las características de su población y paisaje.

Otro aspecto del clima tropical es su uniformidad. La temperatura promedio de un lugar generalmente varía muy poco durante todo el año, de manera que no existen los extremos de calor y frío a los cuales está acostumbrada la mayoría de la gente que vive en los Estados Unidos o en el Canadá. Los cambios de temperatura no ocurren anualmente sino diariamente, sobre todo en las regiones montañosas, pues la diferencia entre la hora del día más fría y la más calurosa es mayor a medida que° aumenta la altitud. En la mayoría de las ciudades que están a nivel del mar,° los doce meses del año son doce meses de verano, como en los puertos de Acapulco, Panamá o Cartagena. Pero en casi todas las ciudades que están a una altitud de unos 5.000 pies (1.500 m), la primavera es eterna. Estas condiciones climatológicas explican por qué en Latinoamérica hay tantas ciudades grandes, como México o Bogotá, ubicadas° en mesetas altas: el clima allí es más agradable. Hace algo de calor durante el día, pero las noches son frescas y hasta frías.

Lo que los latinoamericanos que viven entre los dos trópicos llaman invierno y verano no tiene nada que ver con° temperaturas sino con lluvias. Se le llama *verano* a la estación seca e *invierno* a la

*cuesta… uphill*

*as*

*peaks, summits*

*como… on the average*

*a… to the extent that*
*a… at sea level*

*situated*

*no… has nothing to do with*

En el oeste de la América del Sur es muy popular el andinismo, o sea, el deporte que consiste en escalar las nevadas cumbres de los Andes.
(*Walter D. Hartsough*)

estación lluviosa. Estas son las únicas dos estaciones del año, y no ocurren al mismo tiempo en todas partes. Además, hay lugares donde llueve todo el tiempo y lugares donde no llueve nunca.

Solamente en Chile, la Argentina, el Uruguay y partes del Brasil (lugares que están fuera de los trópicos) hay inviernos y veranos que se parecen a los de los Estados Unidos, aunque las temperaturas no llegan a ser extremadamente calurosas ni frías. Pero hay que tomar en cuenta que aquellos países están en el hemisferio sur, lo que hace que las estaciones no ocurran al mismo tiempo que en los Estados Unidos, sino a la inversa.° Cuando en la zona templada° del norte es verano, en la zona templada del sur es invierno.

sino... *but, rather, the opposite*
*temperate*

## La relación habitante-naturaleza

La América Latina posee, en proporción a su tamaño, menos tierra cultivable que los Estados Unidos o Europa. Sin embargo, un 40 por ciento de la población económicamente activa se dedica a la agricultura, comparado con sólo un 4 por ciento en los Estados Unidos.

Una parte de lo que se cultiva en Latinoamérica consiste en

productos que se exportan, tales como° el café, las bananas y el       tales… *such as*
algodón.° Éstos, lo mismo que los alimentos° básicos para el consu-    *cotton* / *foods, foodstuffs*
mo local, se cultivan a diferentes altitudes, dependiendo del clima.
Como éste varía según la altitud, el terreno generalmente se divide
verticalmente en zonas ecológicas. La zona más baja es la llamada
*tierra caliente*, por ser la más calurosa. Va desde el nivel del mar
hasta una altitud de 2.600 a 3.250 pies (800 a 1.000 m). Entre los
cultivos° propios de esta zona están la caña de azúcar, el algodón y   *crops*
una gran variedad de frutas tropicales, tales como las bananas, los
mangos, las piñas y las papayas. Luego sigue la zona llamada *tierra
templada*, que es donde se concentra el cultivo del café. Esta zona
llega hasta una altitud que oscila° entre los 5.850 y 6.500 pies       *vacillates*
(1.800 y 2.000 m). Después viene la llamada *tierra fría*, zona en la
cual se cultivan productos que se dan en abundancia en los Estados Unidos, tales como el trigo.° Esta zona llega hasta los 9.750       *wheat*
pies (3.000 m), y más arriba de° este límite el clima ya no es          más… *above*
favorable para la agricultura.

La relación entre los seres humanos y la naturaleza ha sido
siempre muy estrecha° en Latinoamérica, pero no porque ofrezca,        *close*
en la mayoría de los casos, condiciones innatas que favorecen el
bienestar humano y el desarrollo económico; más bien,° como se         más… *instead*
ha visto en este capítulo, es al contrario. Los latinoamericanos han
vivido bajo los efectos de un ambiente hostil que está lleno de
obstáculos formidables. Las montañas y las selvas han favorecido
el aislamiento° entre pueblos de un mismo país haciendo que sus        *isolation*
habitantes se desconozcan mutuamente°; la remota ubicación de          se… *do not know each
muchas minas ha hecho que la extracción y el transporte de meta-           other, have knowl-
les sea una operación demasiado costosa; la falta de llanuras              edge of each other*
fértiles ha obligado a tener que cultivar laderas° donde no es posi-   *slopes*
ble usar tractores porque éstas tienen una inclinación de veinte,
treinta y hasta cuarenta grados°; la inestabilidad de la corteza       *degrees*
terrestre° ha causado terremotos° tan violentos que ciudades ente-     corteza… *earth's crust* /
ras han quedado en ruinas en menos de un minuto.                          *earthquakes*

Todo lo anterior, y mucho más, ha hecho que la relación entre
los habitantes y la naturaleza haya sido una relación de combate.
Así fue interpretada por los grandes novelistas de la primera mitad
de este siglo. En sus obras, la naturaleza está representada como
un enemigo mortal. Pero si antes los lationoamericanos se sentían
dominados por el poder de la naturaleza, hoy se esfuerzan por
demostrar que son capaces de transformar el ambiente en forma
permanente y efectiva. En la actualidad° se están construyendo         En… *At present*
sistemas de irrigación para hacer productivas grandes extensiones
de tierras áridas, se están abriendo caminos para poder comercializar recursos que están en lugares de difícil acceso, y se están

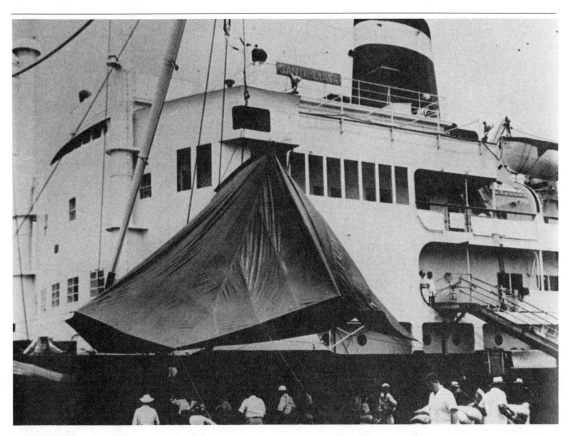

El café y la economía

Un embarque° de café. Los Estados Unidos compran anualmente más de un millón de toneladas. El café es transportado desde puertos latinoamericanos en barcos como éste. México, Guatemala, El Salvador, Costa Rica, Colombia y el Brasil son los principales° países productores.

Los sacos, como los que se ven en la foto, contienen sesenta kilos (132 libras) de café en grano.° Al llegar a los Estados Unidos, el café es tostado y molido° en tostadurías como la Maxwell House, que es la más grande del mundo.

Los países que exportan café han tratado de° estabilizar y mantener alto su precio, pero hasta ahora no han tenido éxito: en 1976, un saco de café se vendía a más de trescientos dólares; en 1981, a menos de cien.

A la vez que° los países latinoamericanos reciben menos dinero por lo que exportan, tienen que gastar más por lo que importan. Por eso, muchos latinoamericanos dicen que sus países son explotados economícamente por los países industrializados.

(*Corporación Nacional de Turismo / OAS*)

*shipment*

*main*

*café… coffee beans*
*tostado… roasted and ground*
*han… have tried to*

*A… At the same time that*

La ciudad colombiana de Medellín. En casi todos los países de América Latina hay ciudades como ésta, situadas en un valle rodeado de montañas. (*Corporación Nacional de Turismo / OAS*)

utilizando ríos para generar energía mediante° el funcionamiento de centrales° hidroeléctricas. Obras como éstas se han hecho necesarias para poder satisfacer los requerimientos de una población que está creciendo a gran velocidad.

*by means of*
*power plants*

## Vocabulario

A. Sustituya lo que está en *letra itálica* con una expresión de la derecha que tenga un significado semejante.

1. Las ciudades con mejor clima son las *que están* en las montañas.

2. Puede hacer frío o calor, ya que la temperatura *depende de* la altitud.

3. En el interior de la América del Sur casi no vive nadie; *está sin* gente porque es una selva.

4. La América Latina *tiene* muy pocas llanuras fértiles.

diariamente

sobre todo

cuenta con

ubicadas

a gran velocidad

aisladas

5. Cuando la naturaleza ataca, como en un terremoto, el hombre no *puede* defenderse.

6. Algunos ríos son *beneficiosos,* otros no sirven para nada.

7. Es necesario convertir en productivas áreas que no lo son, *especialmente* en los países cuya población está creciendo mucho.

es capaz de

tiene que ver con

carece de

útiles

B. Complete las oraciones con la expresión que le parezca más adecuada de las tres que se dan.

1. En _____ la vegetación es más abundante. [la naturaleza / la selva / los ríos]

2. Las montañas, los volcanes, los ríos y los lagos son elementos que forman parte de _____ . [un paisaje / un camino / una cumbre]

3. No hay otra llanura tan extensa como la pampa argentina, que es excepcionalmente _____ . [quebrada / cercana / extensa]

4. _____ de 30 y 60 es 45. [El por ciento / Un grado / El promedio]

5. Tanto el verano como el invierno pueden ser _____ porque la temperatura no cambia apreciablemente. [calurosos / interminables / innatos]

6. Los latinoamericanos quieren vivir mejor y están trabajando para transformar su _____ . [ambiente / bienestar / desarrollo]

7. Para cultivar algo, hay que _____ la altitud. [variar / acostumbrarse a / tomar en cuenta]

8. Artículos como la carne y el cuero provienen de una región _____ . [agrícola / montañosa / ganadera]

## Preguntas y opiniones

1. ¿Dónde hay mejores suelos para el desarrollo de la agricultura: en la América Latina o en los Estados Unidos? ¿Por qué?

2. ¿Qué montañas de los Estados Unidos conoce usted? ¿Cómo son, comparadas con los Andes? En su opinión, ¿qué es más favorable para los seres humanos: vivir en las montañas o cerca del mar?

3. ¿Cómo es el río Amazonas? ¿Qué sabe o ha oído acerca de este río colosal?

4. Explique por qué la cuenca del Amazonas casi no está poblada. Imagínese que usted va a pasar un año allí y diga cómo va a cambiar su vida.

5. ¿Qué son las pampas? ¿Qué sabe o ha oído acerca de la pampa argentina?

6. ¿Cómo influye la altitud en el clima? ¿Qué sería más agradable para usted: vivir en las costas o en las montañas de un país latinoamericano? ¿Por qué?

7. ¿Por qué en muchas partes de la América Latina el año no se divide en cuatro estaciones bien definidas? En su opinión, ¿cuáles son las ventajas y desventajas de vivir donde el clima es siempre igual?

8. Supongamos que un amigo de un país tropical le escribe diciendo que en ese momento ellos están en invierno. Describa su imagen mental del tiempo que hace.

9. Supongamos que usted trabaja en una plantación de bananas. Describa la zona ecológica donde está trabajando.

10. Según lo expuesto en este capítulo, ¿diría usted que, en general, la naturaleza ha sido amiga o enemiga de los latinoamericanos? Defienda su opinión con algunos ejemplos.

## Actividades

1. Económicamente los Estados Unidos están mucho más adelantados que la América Latina. ¿Por qué? Hay quienes opinan que esto se debe a factores geográficos, mientras que otros afirman que se debe a causas culturales. Basándose en el contenido de este capítulo y en sus impresiones de la cultura latinoamericana, defienda una de las siguientes posiciones:

   Las dificultades económicas de Latinoamérica se deben a: (a) causas geográficas, (b) causas culturales, (c) una combinación de (a) y (b).

2. Si el territorio de Latinoamérica estuviera habitado principalmente por gente de cultura anglosajona, y el territorio de los Estados Unidos principalmente por gente de cultura latinoamericana, ¿sería el adelanto económico a la inversa de como es ahora? Divídanse en dos grupos para debatir este tema.

# 2

# La diversidad humana

En la América Latina hay personas que tienen apellidos° como    *last names*
Rossi, Chang, Queiroz, Martínez, Abularach, Ixquic o Berkowitz.
Sin embargo, hay extranjeros a quienes les causa sorpresa que un
latinoamericano no tenga apellido español. La verdad es que por
cada apellido español, hay muchos que no lo son porque la región
ha sido poblada por gente que desciende de razas y culturas muy
diversas.

## El origen de la población

Quienes primero poblaron América fueron los indios, y existen
diversas teorías que tratan de explicar su origen. La que se considera como más probable explica que los indios llegaron del Asia
hace más de veinte mil años cruzando el Estrecho de Bering, que
está entre Alaska y la Unión Soviética. No es difícil imaginar tal
posibilidad, ya que en aquel entonces el Estrecho de Bering era un
puente de tierra y hielo. Los partidarios de esta teoría también
señalan° que los asiáticos y los indios de América comparten°    *point out / share*

ciertos rasgos físicos. Por ejemplo, ambos tienen cabellos lisos° y
negros, no son gente muy alta y generalmente carecen de pelo en la
cara y el cuerpo.

straight

Los indios que llegaron del Asia eran cazadores nómadas que
perseguían animales que ahora no existen. Así vivieron durante
varios milenios, sin residencia fija. Poco a poco se fueron multipli-
cando y esparciendo° por todos lados, hasta llegar a cubrir toda
América, desde Alaska hasta Tierra del Fuego. Posiblemente alrededor del año 7000 a. de C.° estos primitivos pobladores, organizados en grupos pequeños, se alimentaban° de la caza y la pesca, lo
mismo en México que en Venezuela, el Perú o la Argentina. Y hoy,
nueve milenios más tarde, todavía hay indios que viven más o
menos así en la selva del Amazonas. Otros, en cambio, viven en un
mundo comparativamente más adelantado y constituyen el grupo
étnico predominante en Guatemala, Ecuador, Perú y Bolivia. Éstos
son indios cuyos antepasados crearon grandes civilizaciones que
florecieron antes de la llegada de los europeos.

*se... they multiplied and
spread out*

*a... antes de Cristo*
*se... nourished themselves*

La presencia de los europeos en América es un hecho relativamente reciente en comparación con la de los indios. Los blancos
comenzaron a venir al Nuevo Mundo en la última década del siglo
XV. Los primeros europeos que se establecieron permanentemente
en el suelo americano fueron los españoles, luego los portugueses y
después los demás: ingleses, holandeses y franceses principalmente.

A partir de la conquista° se produjeron dos hechos fundamentales para la evolución de la población latinoamericana. Primero,
surgieron° los mestizos como resultado del encuentro de españoles
y portugueses por un lado, y de indios por el otro. Segundo, aparecieron los negros, que vinieron traídos como esclavos por los colonizadores blancos. Con la presencia de los negros, el cuadro étnico
se complicó aun más, porque del encuentro de blancos y negros
surgieron mulatos, y del encuentro de indios y negros, zambos.

*A... From the time of the
conquest on*

*appeared, emerged*

Hoy en día la población de Latinoamérica se distingue de otras
por una característica que normalmente no se encuentra entre la
gente de países como los Estados Unidos y el Canadá; el ser en su
mayoría producto del entrecruzamiento° de razas. Este proceso se
ha estado desarrollando desde la conquista hasta el presente y ha
dado origen a una rica variedad de colores mixtos que no son
considerados negativamente desde el punto de vista racial. En la
América Latina una persona puede ser considerada como blanca
aunque sólo sea blanca en parte, mientras que en los Estados Unidos el concepto de ser blanco carece de tal elasticidad.

*mingling*

Hay otro componente de la población latinoamericana formado por personas cuyo origen no es indígena, ni ibérico ni africano.

El barrio japonés de Saõ Paulo es un pequeño Tokio brasileño. (©*Tom McHugh / Photo Researchers, Inc.*)

Por ejemplo, hay argentinos de origen italiano, chilenos de origen alemán, brasileños de origen japonés, cubanos de origen chino y guatemaltecos de origen árabe. En su mayoría,° estas personas descienden de inmigrantes llegados entre la segunda mitad del siglo pasado y las primeras décadas del presente, cuando ya la América Latina estaba constituida en naciones independientes, con la excepción de Cuba y Puerto Rico. Estas corrientes migratorias, aunque no tan numerosas como las que se dirigieron a los Estados Unidos durante el mismo período, han tenido no obstante,° gran influencia. Por su dedicación al comercio, a la industria y a la agricultura, los inmigrantes de los últimos 130 años y sus descendientes han contribuido en forma notable y permanente al desarrollo económico.

En... *For the most part*

no... *nevertheless*

De todo lo anterior,° se puede deducir que, desde el punto de vista humano, Latinoamérica es un mosaico racial y cultural compuesto de elementos aportados° por indios, blancos, mestizos, negros, mulatos y zambos. Y de todos éstos, el ser más representativo de la población actual es el mestizo, a quien se exalta° como símbolo cultural nativo por haberse originado en Latinoamérica, hijo de padre español y madre india.

lo... *the foregoing, preceding*

*provided*

a... *who is praised*

## Las presiones demográficas

Los 370 millones de personas que actualmente viven en la América
Latina están mal distribuidos, no cuentan con suficientes recursos
y se están reproduciendo a una velocidad alarmante. En la mayoría de los países la población está concentrada en una pequeña
fracción del territorio nacional. Las densidades más altas se regis-
tran en las ciudades capitales y en sus alrededores.° Por ejemplo,     *outskirts*
más de la tercera parte de la población argentina vive en el Gran°     *el... Greater Metropolitan*
Buenos Aires. En México, la quinta parte de la población reside en
el Distrito Federal, que sólo ocupa el 1 por ciento del territorio del
país.

De las tres regiones que forman el llamado Tercer Mundo, Latinoamérica es la más urbanizada. Casi está tan urbanizada como
Europa, mientras que a Asia y a África les falta mucho para llegar
al mismo nivel de urbanización. La población de las ciudades
latinoamericanas está creciendo más rápidamente que la de sus
respectivos países. Esto sucede° no sólo porque la tasa de natali-     *happens*
dad° es muy alta. También se debe a que las ciudades están atra-     *tasa... birthrate*
yendo a miles de personas que emigran del campo. En 1980, la
zona metropolitana de la ciudad de México tenía quince millones
de habitantes, y se estima que para el año 2000 tendrá más del
doble: la impresionante cantidad de treinta y ocho millones, algo
muy difícil de imaginar. La falta de oportunidades y distracciones°     *amusements*
en el campo, especialmente para la gente joven, está contribu-
yendo a que las ciudades se congestionen cada día más.° Mientras     *se... are more congested*
tanto,° en el campo sigue habiendo áreas totalmente despobladas     *every day / Mientras...*
cuyo desarrollo es urgente.     *In the meantime*

Cada seis años hay 12 millones más de mexicanos, o sea, el
equivalente del número de habitantes que tiene el estado de Texas.
Y la explosión demográfica no está ocurriendo solamente en
México. Es un hecho tangible y alarmante en casi toda la región.
En la mayor parte de los países, el crecimiento de la población es
superior al 3 por ciento anual.

Alrededor de dos terceras partes de la población latinoamericana tienen menos de treinta años de edad. Hay abundancia de
gente joven porque a la vez que la tasa de natalidad se ha mantenido alta, la tasa de mortalidad infantil ha disminuido conside-
rablemente gracias a los adelantos° médicos y sanitarios. El hecho     *advances*
de que haya tanta gente joven—mucha sin trabajo, educación o
vivienda° adecuada—está ayudando a crear las situaciones con-     *housing*
flictivas de carácter político, social y económico que, en mayor o
menor grado, se observan en todos los países.

De acuerdo con las proyecciones estadísticas más recientes, se

El tránsito en la capital mexicana

La ciudad de México tenía quince millones de habitantes y dos millones de automóviles en 1980. Ahora son más. A causa de los embotellamientos en horas "pico",° se gastan diariamente más de dos millones de litros de combustible.°

    La mayoría de la gente que trabaja pasa de dos a cuatro horas diarias entre su casa y el lugar de trabajo. Como el transporte colectivo° es insuficiente, los mexicanos prefieren viajar en su propio automóvil.

    Cada año circulan 150 mil nuevos vehículos en la ciudad de México: en vez de mejorar, la situación se pone° peor.

    (© *Andrew Rakoczy* / *E.P.A.*)

A causa de... *Due to the bottlenecks at rush hour* / *fuel*

transporte... *mass transit*

se... *is getting*

En los Estados Unidos solamente una cuarta parte de la población tiene menos de diecisiete años. En cambio, en la América Latina este porcentaje es mucho más alto. (*Carl Frank*)

estima que para el año 2000 la América Latina tendrá unos 600 millones de habitantes (el doble que los Estados Unidos y el Canadá), lo cual constituye un reto° sin precedentes en la historia del Nuevo Mundo. ¿Será mayor el número de latinoamericanos que emigren a los Estados Unidos ilegalmente? ¿Podrán los países al sur del Río Bravo° incrementar° los sectores económicos y los servicios públicos para poder ofrecer a su creciente población las cosas que necesita: alimentación, trabajo, vivienda, educación y asistencia médica, entre otras? ¿Hasta qué punto será posible controlar las aglomeraciones, el ruido urbano, la contaminación atmosférica y otras situaciones deplorables tanto en la ciudad como en el campo? Cada país está buscando la mejor forma de solucionar estos problemas.

*challenge*

*Grande / to increase*

## Vocabulario

Busque en la columna de la derecha la definición correcta para cada una de las siguientes palabras. Si no aparece, exprésela con sus propias palabras.

1. adalanto
2. alimentarse

a.  persona que persigue animales

b.  animal que sirve de transporte

|   |   |   |   |
|---|---|---|---|
| 3. | apellido | c. | edificios que sirven de habitación |
| 4. | cazador | d. | persona a favor de algo |
| 5. | cabello | e. | usar |
| 6. | despoblado | f. | notorio |
| 7. | disminuir | g. | bajar |
| 8. | evitar | h. | subir |
| 9. | extranjero | i. | sembrar |
| 10. | florecer | j. | aparecer |
| 11. | notable | k. | pelo de la cabeza |
| 12. | partidario | l. | comer bien |
| 13. | surgir | m. | cosas que se reparten |
| 14. | utilizar | n. | prosperar |
| 15. | vivienda | o. | progreso |

## Preguntas y opiniones

1. ¿Cómo llegaron los indios a América? ¿Qué otras teorías conoce usted sobre el origen de los indios?

2. ¿Quiénes fueron los primeros europeos que se establecieron en el Nuevo Mundo?

3. ¿Cuál es el origen étnico de los mestizos? En su opinión, ¿por qué no hay una población mestiza anglosajona?

4. ¿Conoce la expresión «raza de bronce» usada por los mexico-americanos del Suroeste? ¿Por qué cree que ellos usan esta expresión?

5. ¿Qué diría usted que tienen en común las poblaciones de Latinoamérica y de los Estados Unidos en cuanto a su composición?

6. ¿Qué problemas demográficos existen en los países de la América Latina?

7. ¿Qué movimiento migratorio está contribuyendo a la urbanización? ¿Cree usted que existe, o ha existido, en los Estados Unidos un movimiento parecido? ¿Qué es lo que motiva a un norteamericano a emigrar de un estado a otro?

8. ¿Qué medidas puede usted proponer para descongestionar las ciudades y redistribuir la población?

9. ¿Por qué son susceptibles a disturbios sociales los países de la América Latina?

10. Si la explosión demográfica estuviera ocurriendo en los Estados Unidos, ¿podría este país alimentar a su creciente población? ¿Por qué sí o por qué no?

11. ¿Qué cree usted que Latinoamérica debe hacer para controlar su crecimiento demográfico, o considera usted que no hay necesidad de controlarlo? ¿Por qué?

## Actividades

1. Divídanse en dos grupos, uno a favor del control de la natalidad y el otro en contra. Debatan este tema *con opiniones latinoamericanas* como las siguientes:

   a. La Iglesia no está a favor del control de la natalidad, y nosotros somos países eminentemente católicos. Si usamos métodos anticonceptivos estamos rechazando (*rejecting*) a Dios, ya que los hijos son una bendición de Él.

   a. A la Iglesia no le interesa que la gente viva bien, sino que crea en Dios. Es una institución que vive en el pasado, en conflicto con las aspiraciones de la gente de hoy.

   b. No hay por qué controlar el crecimiento de la población, pues ése no es el problema. La miseria la causan las estructuras sociales y económicas actuales. Lo que se necesita es un cambio de estructuras.

   b. Un cambio de estructuras no significa que va a haber comida y bienestar para todos. Los recursos económicos disponibles no van a ser mayores bajo un sistema económico distinto al que tenemos. Ninguna estructura social podrá absorber el exceso de población que estamos creando.

   c. Progresar significa poblar. Ahora estamos menos densamente poblados que los Estados Unidos. Este país está en contra de nuestra procreación porque no quiere que Latinoamérica se haga poderosa. Nuestro crecimiento demográfico amenaza (*threatens*) la posición de ellos como potencia (*power*) mundial.

   c. Es cierto que tenemos grandes extensiones despobladas, pero ¿para qué sirven? Hace veinte años, cuando éramos la mitad de lo que somos ahora, vivíamos mejor. Como personas y como naciones, no podremos progresar sin controlar el crecimiento demográfico.

2. ¿Cómo cree usted que los Estados Unidos podrían ayudar a resolver el problema del exceso de población latinoamericana? ¿Debería este país ofrecer más ayuda económica? ¿Debería negar esta ayuda a países que no controlan el crecimiento demográfico? ¿Debería flexibilizar (*relax*) temporalmente las leyes de inmigración? ¿Qué pasaría si, por ejemplo, los Estados Unidos aceptaran a medio millón de latinoamericanos anualmente durante los próximos veinte años? Exponga las ventajas y desventajas de estas posiblidades, tanto para los Estados Unidos como para la América Latina.

# II

# LA FORMACIÓN DE LA CULTURA HISPANOAMERICANA

# 3

# La grandeza precolombina

La historia de lo que pasó en Latinoamérica entre la aparición de sus primeros habitantes (los cazadores de origen asiático) y la llegada de Cristóbal Colón es fascinante y misteriosa. Se cree que las primeras comunidades permanentes se formaron unos 2000 años a. de C. Su establecimiento fue posible porque algunas de las tribus nómadas que al principio° vivían de la caza de elefantes fueron aprendiendo, con el paso de los siglos, a cultivar la tierra. La agricultura hizo posible una vida ya no nómada sino sedentaria. Y al establecerse en una región determinada,° algunos pueblos crearon civilizaciones sorprendentes, comparables a la egipcia, la griega y la romana. Las civilizaciones más notables fueron las que se desarrollaron en México, Centroamérica y el oeste de la América del Sur.

*al... in the beginning*

*fixed*

## Civilizaciones de México y del norte de Centroamérica

México y el norte de Centroamérica constituyen la región que los arqueólogos llaman *Mesoamérica*, una zona de incomparable riqueza arqueológica. Allí se han descubierto imponentes templos en forma de pirámide, cabezas de piedra de dimensiones colosales, joyas y figuras de jade, cerámica de todas clases y muchas cosas más. Famosísimas son, por ejemplo, las Pirámides del Sol y de la Luna que se encuentran en Teotihuacán, a unas treinta y cinco millas (sesenta km) al noreste de la ciudad de México. Teotihuacán fue construida en los primeros siglos de la era cristiana y llegó a ser° una de las grandes ciudades de la América precolombina. Pero los arqueólogos todavía no han llegado a determinar quiénes la construyeron ni por quiénes fue destruida en el siglo VII.

    En lo que hoy es México, Guatemala, Honduras y El Salvador se desarrollaron por lo menos doce civilizaciones importantes. Las principales fueron la maya y la azteca.

    Tikal en Guatemala, Copán en Honduras, Chichén Itzá y Uxmal en la península de Yucatán, México, son algunas de las principales ruinas de lo que en otros tiempos fueron ciudades mayas. Éstas no eran ciudades en el sentido actual. Eran, sobre todo,° centros ceremoniales donde el pueblo se congregaba en las grandes plazas, frente a los imponentes templos-pirámide, para participar en la celebración de ceremonias religiosas. En estas plazas también se organizaban mercados donde la gente intercambiaba diversos productos. Se cree que las únicas personas que vivían en la ciudad eran los gobernantes y los sacerdotes.° Juntos dirigían y administraban el estado. El pueblo en general vivía en las afueras.°

    Los mayas alcanzaron la cumbre de su grandeza en los primeros diez siglos de nuestra era. Su origen es desconocido, aunque algunos arqueólogos sugieren que las raíces de su cultura se remontan° a pueblos como el de los indios olmecas del sur de México, cuya civilización se desarrolló entre 1200 y 300 a. de C. Los mayas realizaron° cosas notables sin contar con los medios que hoy consideraríamos indispensables. Construyeron edificios monumentales sin conocer la rueda ni las bestias de carga.° Tallaron° grandes esculturas de piedra sin conocer las herramientas° de hierro. Tampoco conocieron los telescopios, pero llegaron a pronosticar eclipses y los períodos en que el planeta Venus es visible desde la tierra. Usaron un calendario más exacto que el que se conocía en Europa en ese entonces. También desarrollaron un sistema de escritura jeroglífica y un sistema de numeración más práctico que la numeración romana para realizar operaciones matemáticas. Fueron un pueblo de admirables arquitectos, ingenieros, artistas, escultores, astrónomos y matemáticos.

    Como resultado de la observación meticulosa y constante de los fenómenos naturales y de los cuerpos celestes, los mayas perfeccionaron dos calendarios: el *tzolkin*, que tenía solamente 260 días y era sagrado, y el *haab*, más parecido al nuestro, de 365

*llegó… became*

*sobre… above all*

*priests*
*outskirts*

*se… date back*

*accomplished*

*bestias… beasts of burden / They sculpted, carved*
*tools*

días. Éste estaba dividido en dieciocho meses de veinte días cada uno, más un período de cinco días adicionales, con el cual se completaban los 365. Además tenían un sistema comparable a nuestro año bisiesto,° que tomaba en cuenta la diferencia entre el año de 365 días y el año solar, cuya duración exacta es de 365 días, cuarenta y ocho minutos y cuarenta y seis segundos.

*leap*

Su sistema de numeración era vigesimal, o sea que contaban en incrementos de veinte en veinte, en vez de contar en incrementos de diez en diez, como nosotros. Este sistema se podía escribir usando solamente tres símbolos, uno de los cuales era el cero. Éste se representaba así: ⬭ . Los otros dos símbolos eran un punto (●) y una raya (▬). El valor de éstos dependía de su posición.

Se ha descubierto que la civilización de los mayas comenzó a decaer alrededor del año 900 d. de C.,° unos seiscientos años antes de la llegada de los españoles. Su civilización se vio interrumpida sin que sepamos exactamente por qué. Lo único demostrable es que los mayas desaparecieron de sus ciudades en el siglo X. ¿Fue porque éstas fueron invadidas por un enemigo invencible o porque el pueblo se rebeló contra sus dirigentes,° matando a los gobernantes y sacerdotes? ¿O fue porque la tierra se agotó° y no hubo más comida? ¿O porque hubo terremotos, sequías o epidemias? Muchas son las hipótesis que tratan de explicar por qué los indios abandonaron sus ciudades. Es un enigma que ningún arqueólogo ha llegado a resolver definitivamente.

*d... después de Cristo*

*leaders*
*se... was used up*

Seis templos como éste forman parte de las impresionantes ruinas mayas de Tikal, que se hallan en medio de la selva, en el norte de Guatemala. Éste es el Templo del Gran Jaguar, una estructura tan alta como un edificio moderno de quince pisos. (*Virginia Ferrero*)

Estas y otras estatuas similares, conocidas como "cabezas colosales", son de origen olmeca. Son las cabezas de gobernantes de hace tres mil años, pues se cree que representan a reyes olmecas. Los olmecas se establecieron en el sur de México; su civilización fue anterior a la maya. (*OAS*)

La civilización azteca se desarrolló más tarde que la de los mayas. Durante los últimos doscientos años de la época precolombina los aztecas llegaron a ser el pueblo más poderoso de Mesoamérica, luego de demostrar° una habilidad política y militar superior a la de los demás. Los aztecas no se distinguieron como amantes de las ciencias sino de la guerra.

Muy conocida es la leyenda de cómo este pueblo se estableció en el valle de México donde fundaron la ciudad de Tenochtitlán en 1325. Ésta se convirtió en la ciudad de México después de la conquista española. La leyenda relata la emigración de este pueblo desde un lugar llamado Aztlán situado posiblemente en el noroeste de México. Los aztecas partieron de allí en 1168 y pasaron más de 150 años buscando un nuevo lugar donde establecerse. Por fin llegaron a su destino cuando encontraron la señal divina tal como la había revelado su máximo dios Huitzilopóchtli: su nueva tierra iba a ser el lugar donde encontraran un águila

luego... *after demonstrating*

La Piedra del Sol

Ésta es la llamada "Piedra del Sol°" o "Calendario azteca", una de las escul-    *Sun God*
turas aztecas más famosas, creada en homenaje al Sol. No es propiamente
un calendario, pero representa versiones aztecas de nociones que se refieren al tiempo y que, en una forma u otra, compartieron varios pueblos de
Mesoamérica.

En el centro de la enorme piedra (tiene casi cuatro metros de diámetro)
aparece el homenajeado, o sea Tonatiuh, el dios azteca del sol. En el aro°    *ring*
más cercano al centro están los símbolos que representan los veinte días del
mes. El aro exterior lo componen dos siniestras Serpientes de Fuego, que
son las portadoras° del Sol en el cielo.    *carriers*

(*OAS*)

comiéndose una serpiente sobre un nopal.° Los aztecas contem- *type of cactus*
plaron esta escena en un islote° del lago Texcoco, en el Valle de *island*
México, y allí fundaron Tenochtitlán.

Unos cien años después de su fundación, Tenochtitlán llegó a
ser la impresionante capital de un imperio que progresivamente
se fue extendiendo hacia el Pacífico, el Golfo de México y Centroamérica. Uno tras otro, los pueblos vecinos fueron cayendo bajo
la dominación azteca. La guerra satisfacía una necesidad económica: el imperio se enriquecía con los tributos de los pueblos
conquistados y con el intercambio comercial que se establecía
con ellos. Y la guerra también satisfacía una necesidad religiosa,
pues en los combates se obtenían prisioneros de guerra que más
tarde eran sacrificados a los dioses como parte de los ritos
religiosos.

Además de distinguirse como guerreros, los aztecas fueron
notables artesanos,° comerciantes, políticos, administradores e *craftsmen*
ingenieros. Posiblemente lo más imponente de su civilización fue
la ciudad de Tenochtitlán en medio de las aguas saladas del lago
Texcoco. Allí fueron celebrados, en 1478, los grandes triunfos imperiales. Al dios Huitzilopóchtli se le dedicó un templo-pirámide,
tan alto como un edificio moderno de veinte pisos. Tenochtitlán
fue una de las ciudades que más asombró° a los españoles del *astounded*
siglo XVI, no sólo por su grandeza sino por sus jardines flotantes,
sus calles que a veces eran de tierra y a veces eran canales llenos
de canoas, y sus plazas enormes con miles de gente comprando y
vendiendo toda clase de productos en los días de mercado.

La civilización azteca duró mucho menos que la maya. Tuvo
un final prematuro. Cuando Tenochtitlán fue destruida en 1521
era todavía una ciudad joven. Pero los aztecas no fueron derrota-
dos° por otro pueblo de indios, sino por los conquistadores *defeated*
españoles.

## Civilizaciones del oeste de la América del Sur

La otra gran región arqueológica de la América Latina se encuentra principalmente en Perú y Bolivia. Allí también florecieron
grandes civilizaciones precolombinas al mismo tiempo que en
Mesoamérica. La más importante fue la de los incas, indios que,
como los aztecas, aparecieron tarde en una región donde existían y
habían existido otros pueblos. Las primeras civilizaciones prein-
caicas empezaron a aparecer varios siglos antes de Cristo y representan el comienzo de un proceso de desarrollo que culminó en el
siglo XV, bajo el poder supremo de los incas.

El poder del maíz

Tanto en Mesoamérica como en los Andes, el producto más importante de la agricultura precolombina fue el maíz. Su cultivo impulsó el desarrollo de las artes, las ciencias y la religión. La necesidad de producirlo en cantidades suficientes hizo que los pueblos andinos construyeran canales de irrigación en los desiertos y terrazas en las montañas. Y si los mayas se esforzaron por° se... *strove to* computar el tiempo con un calendario exacto, fue para saber cuándo plantarlo y cuándo cosecharlo. En todas partes el maíz hizo surgir religiones vinculadas con las cosas propicias para su cultivo. El Sol fue alabado° por *praised* todos, porque sin sol no podía haber maíz. Aparecieron dioses como Tláloc, el dios azteca de la lluvia, representado en esta inmensa estatua que hoy domina el jardín a la entrada del Museo Nacional de Antropología en la ciudad de México.

(*OAS*)

Precursores de los incas fueron pueblos como el que construyó Tiahuanaco, una ciudad tan antigua como la ciudad maya de Tikal. Tiahuanaco está en los Andes bolivianos, cerca del lago Titicaca. Fue una ciudad creada por un pueblo poderoso, de mucha influencia en la región. Pero su historia apenas° se conoce porque no dejó nada escrito.

*hardly*

El testimonio más fascinante de lo que pudieron haber sido los pueblos preincaicos proviene° de las cosas halladas en un gran número de tumbas: objetos de oro, tejidos° de calidad insuperable y más que nada, miles de vasijas° hechas con mucha imaginación que se llaman *huacos*. Algunos de los mejores fueron creados por alfareros° de pueblos como el mochica y el nazca, que ya residían en la costa del Perú al comenzar la era cristiana. Los mochicas crearon una alfarería realista que nos revela, mejor que cualquier descripción, cómo era y cómo vivía la gente. Los alfareros de Nazca, por otra parte,° fueron maestros de la forma y el color.

*originates, comes*
*textiles*
*vessels, jars*

*potters*

*por… on the other hand*

*Inca* es el nombre que se les da, en general, a todos los pueblos andinos que llegaron a ser regidos° por un gobernante con el título de Inca. Este título se deriva del significado que la palabra tiene en quechua, una de las lenguas de la región andina. *Inca* en quechua quiere decir «varón de sangre real°».

*ruled*

*varón… male of royal blood*
*kingdom*

El primer Inca fue Manco Cápac, jefe de un reino° fundado por él y su hermana, Mama Ocllo, alrededor del año 1120 d. de C. Nadie está seguro de que estos hermanos hayan existido de verdad. Lo que se sabe de sus vidas está relatado en varias leyendas. Una de ellas los identifica como emisarios divinos, enviados a la tierra por su padre, el Sol, con el propósito de civilizar a los seres humanos.

La leyenda cuenta cómo Manco Cápac y su hermana salieron del lago Titicaca con una varilla° de oro que, al hundirse° en la tierra, les indicaría que ése era el lugar propicio para la fundación de su reino. Después de caminar y caminar buscando tal lugar, los hermanos llegaron al valle de Cuzco, en el norte, y allí por fin se hundió la varilla. En seguida procedieron a fundar su reino. Luego Manco Cápac tomó a su hermana por esposa y ése fue el principio de la familia real que en generaciones posteriores llegó a ser la autoridad suprema en los Andes.

*staff / que… which, upon sinking*

Durante los primeros dos siglos de su existencia, el reino incaico no llegó a distinguirse de los demás, pero las cosas cambiaron en 1438. Ese año Pachacuti Inca Yupanqui, el octavo descendiente de Manco Cápac, asumió el poder. Bajo su mando comenzó la expansión imperial, empezando con la conquista de los pueblos vecinos. De allí en adelante los incas se fueron extendiendo hasta llegar a conquistar la región andina desde el sur de Colombia hasta el centro de Chile. Los pueblos de este vasto territorio fueron cayendo bajo la dominación imperial, a veces persuadidos por medios políticos y a veces por el poder de las armas.

Hay personas que dicen que los incas inventaron el comunismo. Hasta cierto punto,° puede que sea cierto. La sociedad imperial estaba regida por leyes inflexibles y exactas que determinaban la manera de vivir. La ley obligaba a trabajar a todas las personas entre los dieciséis y los cincuenta años de edad, pero no existían los conceptos del dinero ni de la propiedad privada. La obligación de los nobles era gobernar el imperio, mientras que la de las clases inferiores era cultivar la tierra. El estado dividía la tierra en tres partes: la del Sol, la del Inca y la del pueblo. Los productos obtenidos de las tierras del Sol satisfacían las necesidades del clero° y las autoridades eclesiásticas. Los obtenidos de las tierras del Inca, el jefe supremo, satisfacían las necesidades de las autoridades civiles, el gobierno y el ejército. La tercera parte, reservada para el pueblo, era la más extensa. Cada familia recibía su porción de acuerdo con sus necesidades. Todas las tierras se cultivaban comunalmente y era obligación de los miembros de

*Hasta... To a certain extent*

*clergy, religious class*

Las famosas ruinas incas de Machu Picchu se levantan sobre un cerro, en el corazón de los Andes peruanos. La gente que visita esta misteriosa ciudad se pregunta por qué y para qué fue construida. Es una pregunta que no tiene una respuesta definitiva.
(*Walter D. Hartsough*)

cada comunidad trabajar las tierras de las personas enfermas, ausentes o viejas, y también las tierras del Sol y del Inca.

Los incas no llegaron a desarrollar un sistema de escritura como lo hicieron los mayas y los aztecas, pero perfeccionaron el uso de los *quipus*. Éstos eran manojos de cuerdas° en los que se hacían nudos° para anotar datos estadísticos, tales como el número de personas que vivían en determinado lugar o cuánto habían producido ciertas tierras. Los nudos tenían diferentes valores según su posición en las cuerdas. Esta información servía para actualizar° la distribución de la tierra y repartir las cosechas.°

manojos... *bundles of strings*
*knots*

para... *to bring up to date* / repartir... *divide the crops*

Las diversas poblaciones del vasto territorio imperial se comunicaban por un sistema de correos basado en los *chasquis*, mensajeros entrenados para correr largas distancias. Los caminos eran tan buenos como los del Imperio Romano.

Cuzco, la capital de los incas, fue una ciudad que, como Tenochtitlán, maravilló a los españoles. Pero cuando ellos llegaron al Perú en 1532, el asombroso° imperio de los incas había comenzado a desintegrarse, condición que ayudó a los conquistadores. Ante su superioridad militar, los indios tuvieron que ceder,° y con la derrota del imperio incaico terminó para siempre la grandeza indígena de la América Latina.

*astonishing*

*yield*

## Vocabulario

Identifique la palabra o expresión que por su significado no guarda relación con las otras y úsela en una oración original.

1. comprobar / demostrar / confirmar / derrotar

2. convertirse / establecerse / llegar a ser / hacerse

3. a menudo / en seguida / entonces / a continuación

4. hallarse / estar / desarrollarse / encontrarse

5. regir / asombrar / gobernar / dirigir

6. relatar / decir / contar / revelar

7. partir / repartirse / salir / irse

8. señal / forma / manera / modo

9. enviar / mandar / remitir / compartir

10. impresionante / poderoso / sorprendente / asombroso

11. antiguo / remoto / valioso / viejo

12. provenir / constituir / descender / ser de origen

## Preguntas y opiniones

1. ¿Qué diferencias hay entre una tribu nómada y una sedentaria? ¿Cómo obtienen su alimentación? ¿En qué sentido cree usted que la gente moderna sigue siendo nómada?

2. ¿Cómo se diferencian las ciudades mayas de las nuestras?

3. En su opinión ¿cuál fue el logro más sobresaliente de los mayas? ¿Por qué?

4. ¿Cuál cree usted que fue la causa más probable de la desaparición de la civilización maya? ¿Por qué?

5. ¿Por qué los aztecas fundaron Tenochtitlán en medio de un lago? Si usted no cree en revelaciones divinas, dé una razón que le parezca plausible.

6. ¿Por qué motivos hacían la guerra los aztecas? ¿Considera usted que la guerra es un hecho inevitable porque forma parte de la naturaleza humana? ¿Por qué ha habido guerras en los tiempos modernos?

7. Algunos dicen que Tenochtitlán se parecía a la ciudad italiana de Venecia. ¿Puede usted explicar por qué?

8. ¿Qué puede usted decir sobre el pueblo de Tiahuanaco?

9. ¿Cuál diría usted que es más valiosa como documento histórico, la alfarería nazca o la mochica? ¿Por qué? ¿Cree usted que el arte moderno llegará a tener ese valor algún día?

10. ¿Quiénes fueron Manco Cápac y Mama Ocllo?

11. ¿Qué parte de la América del Sur llegaron a dominar los incas?

12. ¿Cómo se dividía y trabajaba la tierra entre los incas? Según usted, ¿cuáles son las ventajas y desventajas de un sistema agrícola como ése? ¿Qué impresión tiene del éxito o fracaso de sistemas agrícolas contemporáneos que son como el de los incas?

13. ¿Qué papel hizo el maíz en el desarrollo de las civilizaciones precolombinas? ¿Qué elemento o elementos en nuestra sociedad favorecen de la misma manera el desarrollo de la civilización?

14. ¿Cuáles diría usted que fueron las características principales de cada una de las civilizaciones tratadas en este capítulo? Si usted hubiera vivido entonces, ¿qué habría preferido ser: un maya, un azteca o un inca? Explique por qué.

## Actividad

La civilización moderna le debe mucho a las civilizaciones precolombinas; entre otras cosas, ciertos productos agrícolas muy comunes hoy. Prepare un pequeño informe sobre uno de los siguientes productos, indicando cómo se originó y cómo llegó a hacerse popular en Europa o en los Estados Unidos: (1) el maíz, (2) las papas, (3) el tabaco, (4) el cacao, (5) los tomates.

# 4

# El impacto de España

Gran parte de las tierras de América se hicieron españolas gracias a las hazañas° de hombres intrépidos. El primero de ellos fue Cristóbal Colón, quien no sólo mostró cómo llegar a estas tierras sino que también dirigió la primera tentativa de España por establecerse en ellas, el primer esfuerzo de una nación europea por colonizar el Nuevo Mundo. España se apresuró° a hacerse presente en los nuevos territorios por temor a que° otra nación europea se le adelantara.° Por eso Colón regresó a América en 1493, al año siguiente del descubrimiento. Este segundo viaje fue organizado en Cádiz, y de allí partió el Almirante° el 25 de septiembre de 1493, esta vez al mando de una gran expedición. La flota consistía de diecisiete naves en las cuales venían soldados, artesanos, nobles y sacerdotes, más de 1.200 personas en total, todos hombres. La carga consistía no sólo de provisiones para el viaje sino de algo aún más importante: recursos para comenzar a colonizar. Las naves traían semillas,° plantas, caballos, vacas, cerdos, herramientas y muchas cosas más que con el tiempo transformarían al Nuevo Mundo. Todos venían decididos a quedarse y estaban preparados para ello.

deeds, acts

se... hastened
temor... fear that
se... would be first

admiral

seeds

La primera colonia permanente de origen europeo en el Nuevo Mundo llegó a ser Santo Domingo, fundada en la costa sur de lo que hoy es la República Dominicana por un hermano de Colón, Bartolomé, en 1496. Con la fundación de ésta, el poder español logró establecer una base de operaciones permanente, y desde allí pronto se expandió hacia las islas vecinas de Cuba y Puerto Rico. Luego, éstas se convirtieron en el punto de partida para otras expediciones que salieron a explorar y a conquistar lugares más lejanos. Una de estas expediciones fue la de Juan Ponce de León, que salió de Puerto Rico en busca de la legendaria isla de Bimini, donde Ponce de León esperaba encontrar la Fuente de la Eterna Juventud.° Y por creer en esta leyenda que los indios le contaron, Ponce de León descubrió la península de la Florida. Otra expedición fue la de Hernán Cortés, que salió de Cuba impulsada° por los rumores de grandes riquezas en tierras al oeste de la isla. Hernán Cortés acabó por conquistar a los indios aztecas, después de una serie de luchas que culminaron con la destrucción de Tenochtitlán.

Fuente... *Fountain of Eternal Youth*

*motivated, prompted*

La República Dominicana ha gastado más de veinte millones de dólares en la preservación de importantes edificios históricos. Este palacio, conocido como el Alcázar de Colón, data de 1510. Fue la residencia de Diego Colón, hijo del Almirante y segundo gobernador de Santo Domingo. (*Laimute E. Druskis*)

# La conquista de los aztecas

Hernán Cortés salió de Cuba hacia México el 10 de febrero de 1519, comandando una flota de once naves. Sus fuerzas consistían de unos seiscientos hombres, número insignificante comparado con lo que era entonces el gran ejército° azteca. Pero Cortés también contaba con algo que los indios nunca habían visto: armas de fuego y dieciséis caballos. Y luego, en la costa de México, tuvo la suerte de que los indios de Tabasco le regalaran como esclava una princesa india llamada Malinche, «hermosa como diosa», según un cronista.° Esta mujer aprendió español muy pronto y llegó a ser la compañera indispensable de Cortés: su intérprete, su consejera,° su amante. En vez de *Malinche*, llegó a llamarse *doña Marina* entre los españoles. Sin su ayuda, la conquista habría sido mucho más difícil, tal vez imposible.

    Cuando los españoles llegaron a México, Moctezuma ocupaba el trono imperial en Tenochtitlán. Sus súbditos° lo mantenían bien informado de todo lo que ocurría, y así es como supo muy pronto que unos extranjeros habían desembarcado en la costa. La noticia lo dejó perplejo.° No podía decidir si éstos eran hombres enviados por un monarca poderoso o emisarios divinos cuya aparición significaba el regreso a México de un dios todopoderoso llamado Quetzalcóatl, con lo que se cumplía una antigua profecía.

    Mientras tanto los españoles habían iniciado la larga marcha desde Veracruz hacia Tenochtitlán. En el camino fueron encontrando grupos de indios que querían liberarse del poder azteca. En todo momento Cortés se mostró más audaz° y convincente que nadie, convirtiendo en aliados a estos grupos, que al principio lo recibían como enemigo. La alianza que logró formar entre sus fuerzas y la de los indios de Tlaxcala fue decisiva, pues los tlaxcaltecas eran excelentes guerreros y los peores enemigos de los aztecas. Cuando Cortés llegó a Tenochtitlán, nueve meses después de haber salido de Cuba, ya no iba al frente de sólo seiscientos hombres. Ahora comandaba una tropa diez veces mayor, gracias a tantos indios que se le habían aliado.

    Conforme avanzaban los españoles,° Moctezuma se iba sintiendo más temeroso e inseguro. Cuando aquéllos por fin llegaron a Tenochtitlán, los recibió como lo que no eran: invitados de honor. Esto pronto le hizo sospechar a Cortés° que su vida y la de sus compañeros corrían peligro,° sobre todo después de darse cuenta que los aztecas eran gente dedicada a la guerra. Así es que decidió actuar rápidamente y mostrando su audacia de siempre, aprisionó a Moctezuma. A partir de entonces,° la autoridad del emperador quedó bajo la vigilancia de los españoles, lo cual hizo que

*army*

*chronicler, reporter*
*advisor*

*subjects*

*lo… baffled him*

*bold*

*Conforme… As the*
  *Spanish advanced*

*le… made Cortés suspect*
*corrían… were in danger*

*A… From then on*

Esta excavación arqueológica está en el centro de la ciudad de México. Debajo de este activo centro urbano se han descubierto restos de la antigua Tenochtitlán, incluyendo el Gran Templo de los aztecas, que dominaba la ciudad. (© *Peter Menzel*)

se sintieran seguros.° Pero el pueblo comenzó a perderle el respeto a Moctezuma, quién ahora gobernaba bajo las instrucciones de los españoles. Durante un discurso,° fue apedreado° por sus propios súbditos, que se habían rebelado, y murió a consecuencia de una pedrada en la cabeza. Entonces los españoles no tuvieron más remedio° que salir huyendo de una ciudad de la cual no era muy fácil escapar. Esta retirada se conoce como *la noche triste* y ocurrió la noche del 30 de junio de 1520. Fue triste para las fuerzas conquistadoras, porque esa noche muchos españoles e indios aliados perdieron la vida, resultaron heridos° o fueron hechos prisioneros.

    Sin embargo, Cortés no desistió. Se retiró a Tlaxcala y desde allí comenzó a prepararse para continuar la lucha. La batalla

lo... *which made them feel secure*

*speech* / *stoned*

*recourse, alternative*

*wounded*

decisiva comenzó nueve meses después, en abril de 1521. Los aztecas resistieron heroicamente durante casi cuatro meses, hasta que Cuauhtémoc, su último emperador, fue capturado. Cuando Tenochtitlán cayó, era una ciudad en ruinas.

## La conquista de los incas

Eventualmente, el poder español también se impuso en la América del Sur. Los incas fueron conquistados por una expedición que salió de Panamá en enero de 1531, bajo el mando de Francisco Pizarro. Ésta fue la tercera expedición que el inquieto° Pizarro *restless* había organizado, pues los rumores de que las tierras al sur de Panamá eran muy ricas no lo dejaban en paz. Se había propuesto° *Se... He had resolved* llegar a éstas tarde o temprano, ser otro Cortés, conquistador de tierras opulentas. Esta vez, Pizarro iba mejor organizado y con más recursos que antes.

Al llegar al Perú, Pizarro y sus hombres se encontraron con un imperio que ya no era modelo de unidad y cohesión. La rígida organización de los incas había comenzado a desintegrarse, circunstancia favorable para las fuerzas conquistadoras. La fragmentación del imperio se debía a que unos años antes el emperador Huayna Cápac había violado las normas que regulaban la sucesión imperial: ordenó que, cuando muriera, el imperio fuera dividido entre sus hijos Huáscar y Atahualpa. Huáscar era el heredero° legí- *heir* timo y Atahualpa, un hijo bastardo, pero el favorito de Huayna Cápac. Según la decisión de su padre, Atahualpa se quedaría con el reino de Quito, en el norte, y Huáscar, con el resto del imperio, gobernando desde Cuzco. Pero no sucedió así. Huayna Cápac murió en 1525, y al poco tiempo° estalló° una guerra civil entre los *al... shortly afterwards / broke out* dos medio hermanos. Ésta acababa de terminar cuando llegaron los españoles.

Atahualpa, seguro y confiado después de su victoria contra Huáscar, desestimó el poder de Pizarro y sus hombres. ¿Qué iban a hacer menos de doscientos invasores contra un ejército de treinta mil incas? Lo que hicieron fue atacar por sorpresa a una multitud de indios prácticamente indefensos, congregados en la plaza de la ciudad de Cajamarca, en el norte del Perú. Cuando Pizarro dio la orden de abrir fuego, los españoles salieron de sus escondites,° mataron a miles de indios y capturaron al emperador *hiding places* Atahualpa en un combate que sólo duró media hora; valioso para los españoles, fatal y humillante para los indios.

El emperador prisionero se dio cuenta muy pronto del gran interés que los españoles tenían en el oro y la plata. Entonces, él mismo tuvo la idea de conseguir su libertad a cambio de° un cuarto lleno de objetos de oro. La propuesta fue aceptada por los españoles, y Atahualpa ordenó que sus súbditos trajeran el tesoro. De todas partes del imperio comenzaron a llegar platos, recipientes,° adornos y toda clase de objetos de oro, hasta llenar el cuarto designado, el cual todavía existe en Cajamarca. Es conocido como el *Cuarto del Rescate.*° Los españoles se repartieron° el fabuloso tesoro, valorado en varios millones de dólares. Luego, en vez de cumplir lo prometido, acusaron a Atahualpa de traición,° diciendo que estaba incitando a su gente a una insurrección contra los españoles.

La acusación le costó la vida a Atahualpa, quien fue sentenciado a muerte después de un juicio° injusto. Su ejecución tuvo lugar el 29 de agosto de 1533. Los españoles continuaron su marcha hacia el sur y unos meses más tarde llegaron a Cuzco.

*a... in exchange for*

*vessels, containers*

*ransom* / *se... divided*

*treason*

*trial*

## La ambición de los conquistadores

Para los españoles del siglo XVI, México y el Perú resultaron ser las tierras más espléndidas de todas las que exploraron y conquistaron. Fue allí donde encontraron, más que en ninguna parte, lo que con tanto afán° buscaban: el oro con el cual ellos y España se enriquecerían. El oro en esa época significaba poder, y era codiciado° no sólo por España sino también por las demás naciones europeas. Por eso Cortés, en un mensaje enviado al emperador azteca, Moctezuma, le decía que los españoles eran víctimas de una enfermedad «que sólo el oro podía curar». El oro de América iba a poner término° a la pobreza de España y de su pueblo, cuyas energías se habían destinado a luchar contra los moros y no a crear fuentes de riqueza en la propia España.°

Hombres como Cortés, Pizarro y muchos más no salieron de España dejando bienes°, dinero y prestigio. Todo esto era algo que no tenían, y por eso mismo° se embarcaron hacia tierras incógnitas,° pues no tenían nada que perder, excepto sus vidas. Eran aventureros; si hubieran sido más que eso, no habrían tenido motivo para arriesgarse.° Vinieron al Nuevo Mundo con la ambición de llegar a ser grandes hombres por su propio esfuerzo pues, como observa el historiador Salvador de Madariaga, «que el hombre es hijo de sus obras es lugar común° en la tradición española».*

*zeal*

*coveted*

*poner... put an end*

*la... Spain itself*

*possessions, property*
*por... for just that reason*
*unknown*

*risk their lives*

*lugar... commonplace topic, platitude*

*Salvador de Madariaga, El auge y el ocaso del Imperio Español en América (Madrid: Espasa-Calpe, 1977), pag. 242.

La exploración española del Nuevo Mundo

No fueron pocos los hombres que en el siglo XVI partieron hacia lo desconocido. En este mapa se señalan° las rutas de algunas de las principales exploraciones, incluyendo las de Ponce de León, Cortés y Pizarro.

    También se señalan las dirigidas por Hernando de Soto, descubridor del río Misisipí, Francisco Vázquez de Coronado, explorador del suroeste de los Estados Unidos, Vasco Núñez de Balboa, descubridor del Océano Pacífico y Francisco de Orellana, descubridor del río Amazonas.

se señalan… *are shown*

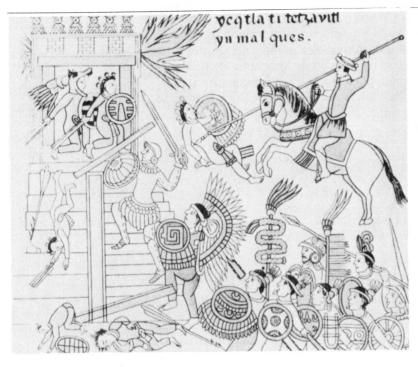

yeqtla ti tetzaviti
yn mal ques.

¿Hombres o dioses?

En esta escena de guerra que data del siglo XVI se observa un combate
entre las fuerzas de Hernán Cortés y el ejército azteca. La vulnerabilidad de
los indios se representa claramente. Ni los aztecas ni los incas estaban
preparados para superar° las ventajas tecnológicas, psicológicas y físicas　　*overcome*
de los españoles. En la cultura de los indios no había nada comparable a un
cañón, un caballo o un hombre con armadura. Las grandes bajas° sufridas　　*casualties*
por los indios fueron causadas no sólo por la pólvora° sino también por el　　*gunpowder*
pánico que se apoderó° de ellos al ver las armas españolas en acción. Otra　　*se... took hold*
causa fue la viruela,° una de las enfermedades traídas al Nuevo Mundo por　　*smallpox*
los españoles.
　　A pesar de contar con ejércitos activos muy grandes, los aztecas e incas
no atacaron al invasor inmediatamente porque aun la apariencia física de los
soldados españoles los confundió. Ante los ojos de los indios, los hombres
de barba° y armadura parecían dioses.　　*de... with beards*
　　(OAS)

　　El anhelo° de adquirir gloria y fortuna por cualquier medio los　　*yearning*
condujo por caminos donde mostraron lo grande que era° su au-　　*lo... how large was*
dacia, dinamismo, fe religiosa, codicia° y crueldad; virtudes y　　*greed, ambition*

defectos al servicio de la Corona y de Dios, porque los conquistadores, además de hacer valer su persona adquiriendo oro, la hacían valer ensanchando° los dominios de España y del catolicismo.    *extending*
La expansión territorial y la conversión de los indios al cristianismo eran metas° que también perseguían. Para los conquistadores,    *goals*
los actos de crueldad y de violencia eran justificables porque se
luchaba para imponer la autoridad del rey de España y las creencias de la religión cristiana.

## Vocabulario

Sustituya lo que está en *letra itálica* con la expresíon equivalente que se incluye en el
grupo de palabras después de cada oración.

1. En su segundo viaje, Colón vino a América *al frente de* una gran expedición.
   [en busca de / hablando de / encabezando / adelantándose a]

2. La flota que comandaba estaba formada por diecisiete *naves*.
   [invitados / cerdos / barcos / artesanos]

3. En poco tiempo los españoles llegaron a ocupar las islas del Caribe y las
   tierras *vecinas*.
   [vacías / cercanas / enemigas / incógnitas]

4. El poder español *logró* establecer una base de operaciones en 1496.
   [trató de / pudo / insistió en / quiso]

5. La expedición de Cortés salió *impulsada* por un rumor que resultó ser cierto.
   [movida / mandada / dirigida / luchando]

6. *Una de las metas* de los conquistadores era encontrar oro.
   [una de las necesidades / uno de los deseos / uno de los objetivos / una de
   las obligaciones]

7. Su *codicia* era incontrolable.
   [pasión / audacia / temor / ambición]

8. Los *clérigos* hacían la conquista espiritual.
   [intelectuales / consejeros / súbditos / hombres de la iglesia]

9. Algunos indios querían *deshacerse del* poder azteca.
   [aliarse al / verse libres del / luchar contra / formar parte del]

10. Moctezuma *se sintió temeroso* cuando llegaron los españoles.
    [quería paz / corrió peligro / tuvo miedo / tuvo suerte]

11. Los conquistadores salían hacia tierras *lejanas* esperando encontrar grandes
    riquezas.
    [opulentas / suntuosas / legendarias / distantes]

12. *Ensanchaban* los dominios de España por el poder de sus armas.
   [enriquecían / hacían más grandes / se apoderaban de / hacían más fuertes]

## Preguntas y opiniones

1. ¿Cuál fue el motivo del segundo viaje de Colón? ¿Le habría gustado a usted venir en ese viaje? ¿Por qué sí o por qué no?

2. ¿Cuál es la ciudad fundada por europeos más antigua que todavía existe? ¿Dónde, cuándo y por quién fue fundada?

3. ¿Qué le contaron los indios a Juan Ponce de León?

4. Según los mexicanos, la india Malinche fue una traidora. ¿Está usted de acuerdo con esa opinión? ¿Por qué?

5. ¿Cómo logró Cortés tener un gran ejército?

6. ¿Por qué cree usted que Moctezuma recibió a los españoles como invitados de honor?

7. ¿Por qué aprisionó Cortés a Moctezuma? ¿Cómo se habría sentido usted en una situación similar a la de Cortés? ¿Qué habría hecho?

8. Según el texto, no era muy fácil escapar de Tenochtitlán. ¿Puede usted explicar por qué?

9. ¿Cómo se encontraba el imperio inca cuando Pizarro y sus hombres llegaron al Perú?

10. ¿Cómo derrotó Pizarro a los incas?

11. ¿Cómo trató de obtener Atahualpa su libertad?

12. Explique cómo reaccionaron Moctezuma y Atahualpa cuando llegaron los españoles. Si usted considera que fue un error haber reaccionado así, diga qué es lo que debieron haber hecho.

13. ¿Qué puede usted decir sobre la personalidad de los conquistadores? Si usted hubiera vivido entonces, ¿habría preferido ser español o indio? ¿Por qué?

## Actividad

Al comparar el desarrollo histórico de las Américas, el historiador Germán Arciniegas espresa que «el proceso histórico de la América inglesa y la española es inverso. En la América española primero es la conquista y luego viene la colonia, la colonización. [ ... ] En la América inglesa primero es la colonia, luego vendrá la conquista.» Póngase a pensar en la historia de ambas Américas, desde la llegada de los europeos hasta el presente. Luego, en pocas palabras, explique por qué Arciniegas ve los procesos históricos de la manera citada.

# 5

# De colonia a naciones

La presencia de España en América comenzó con la conquista en las primeras décadas del siglo XVI y terminó trescientos años más tarde, a principios del siglo XIX. Durante todo ese tiempo España impuso su cultura en estas tierras, haciendo que así surgieran las bases de la sociedad hispanoaméricana contemporánea.

## La nueva forma de vivir

Para lograr que las tierras de América fueran suyas, España no sólo exploró y conquistó sino que también pobló, como lo demuestra el gran número de ciudades fundadas en todas partes durante la primera mitad del siglo XVI. A partir de entonces, la vida cambió radicalmente desde California hasta Tierra del Fuego. Los españoles llegaron a unificar sus nuevos dominios imponiendo una lengua, una autoridad y una religión hasta entonces desconocidas en América. El idioma español sustituyó a° las lenguas habladas por los indios, la Corona española a gobernantes como Cuauh-

sustituyó... *was substituted for*

La ciudad colonial de Potosí, Bolivia. Al fondo, la cumbre que se llama Cerro Rico, donde los españoles descubrieron las minas del plata más fabulosas del mundo en 1545. El valor actual de la plata que sacaron de allí es de unos 6 mil millones de dólares. (*OAS*)

témoc y Atahualpa, y la religión católica a los cultos vinculados a las fuerzas de la naturaleza.

El impacto de España se sintió en todos los aspectos de la vida con la introducción de lo que no existía en el Nuevo Mundo. Cultivos° como la caña de azúcar y las bananas hicieron más variada la agricultura. El caballo y las bestias de carga facilitaron la movilización de personas y productos. La música se hizo más expresiva con el violín, el arpa y la guitarra. Cambió hasta la comida, porque con los españoles vinieron los pollos, las vacas y los cerdos.   *Crops*

La extracción de metales fue la primera actividad económica que generó riqueza durante la colonia. Las minas dieron oro y, más que oro, plata. Las más productivas fueron las de México y el Perú, que entonces incluía lo que hoy es Bolivia. En las islas del Caribe, donde los recursos mineros se agotaron muy pronto, el cultivo de la caña de azúcar pasó a ser la actividad principal. En todas partes, quienes trabajaron para los españoles fueron los indios nativos o los esclavos africanos.

Los frailes° misioneros le brindaron° al indio la oportunidad de   *monks, friars / offered* igualarse al español en el sentido religioso, pero fuera de la Iglesia el indio no encontró cómo igualarse al español en el sentido político y económico. Igualdad en tales sentidos era inconcebible entonces, y más para un español procedente° de una sociedad medieval. El inmigrante español había venido al Nuevo Mundo a ser señor,° y sus vasallos iban a ser los indios. Dicha relación de servidumbre° llegó a formalizarse bajo la institución de *la encomienda*, un instrumento legal creado por la Corona, mediante el cual los indios eran «encomendados°» a un español. La encomienda tenía por objeto regular las relaciones entre indios y españoles, las actividades laborales y el uso de las tierras. La encomienda se proponía° mejorar las condiciones de vida de los indios y protegerlos de los abusos de los españoles, pero los resultados de su aplicación fueron la institucionalización de un estilo de vida feudal, poco o nada favorable para el indio, ya que la codicia del encomendero tuvo más fuerza que la ley.

    La encomienda significaba que el encomendero iba a proveer a los indios de° instrucción religiosa y de lo necesario para su bienestar material a cambio del trabajo de ellos en las plantaciones y en las minas. Pero no fue así. «A cada conquistador convertido en encomendero, se le encomendaba una población», dice el historiador colombiano Germán Arciniegas. Y agrega°: «Así, un nuevo señor feudal creado por la Corona, dominaba sobre el hato° humano de los indios que debían pagarle en frutos,° en ganados, en oro, en servicios, el tributo. Se suponía° que la obligación del encomendero era la de hacer de cada indio un cristiano—se le «encomendaba» la salvación de las almas—, y, efectivamente,° él les enseñaba el Padre Nuestro° y el Ave María.° Un padrenuestro en que el pan de cada día se lo comía el encomendero.»*

    En la escala social, los negros ocupaban el nivel más bajo. En orden ascendente seguían los indios, los mestizos y demás mezclas, los criollos y, por último, los peninsulares. Tanto los criollos como los peninsulares eran españoles, pero no iguales: los peninsulares habían nacido en España, mientras que los criollos habían nacido en América. Aunque tanto por parte de madre como de padre los criollos eran de sangre española, la sociedad los consideraba ciudadanos de segunda clase en comparación con los peninsulares. Para los peninsulares estaban reservados los mejores puestos del gobierno y constituían, en todo sentido, la clase más privilegiada.

    Quienes encabezaban la jerarquía gubernamental eran los

---

*Germán Arciniegas, El continente de siete colores *(Buenos Aires: Editorial Sudamericana, 1965), págs. 167–168.*

**Marginal glosses:**

*coming, originating*

*lord*

*Dicha… The relationship of servitude just mentioned*

*"entrusted"*

*se… was intended*

*proveer… provide the Indians with*

*he adds*
*herd*
*products*
*Se… It was assumed*

*in fact*
*Lord's Prayer /*
   *Ave… Hail Mary*

Detalle de una pintura religiosa que llama la atención por el uso de elementos americanos para interpretar ideas religiosas traídas por los españoles. En esta pintura de la Sagrada Familia, San José y el Niño Jésus están representados como si hubieran sido indios andinos. El estilo de su ropa, su aspecto físico y la llama son parte de las cosas típicas del Perú y Bolivia, y la Virgen María está sentada en una balsa como la que usan los indios en el lago Titicaca. (*Walter D. Hartsough*)

virreyes,° funcionarios que representaban al rey y cuya responsabilidad era gobernar un virreinato. Los dos virreinatos principales fueron el de México o Nueva España y el del Perú, establecidos en 1534 y 1543, respectivamente. La capital del primero fue la ciudad de México, reconstruída por Hernán Cortés, y la capital del segundo fue la ciudad de Lima, fundada por Francisco Pizarro en el Perú. Como capitales virreinales, ambas ostentaron° toda la grandeza del poder imperial que en ellas se concentró, poder que desde México dominaba sobre la América del Norte, y desde Lima, sobre la América del Sur. El nombre *las Indias* se usó para referirse colectivamente a todas las colonias.

Todo lo que tuvo que ver con el gobierno y la administración de *las Indias* vino de España: las autoridades y una multitud de leyes para regular toda clase de actividades. La legislación que impuso España limitó severamente el progreso económico de las colonias e impidió que las masas participaran de los beneficios obtenidos por la explotación de las fuentes de riqueza. El comercio se redujo al intercambio de productos entre España y sus

*viceroys*

*boasted*

colonias; éstas no podían comerciar libremente entre ellas o con otros países. La legislación de la Corona también contribuyó a que el poder político fuera monopolizado por los peninsulares y suprimió toda posibilidad de crear fuerzas políticas locales apoyadas por las masas.

En *las Indias*, los funcionarios y representantes de la Corona poco pudieron hacer para frenar° la ambición de sus compatriotas peninsulares, que primero fueron conquistadores y después encomenderos. El poder político y económico efectivo quedó en manos de ellos, ya que no hubo autoridad capaz de reducir sus intereses y privilegios. Sobre las leyes destinadas a proteger a los indios de la codicia y el maltrato de los españoles, se impuso la voluntad personal del *hombre fuerte*.

*stop, slow*

## Los españoles e ingleses como colonizadores

Los dos grandes imperios de los tiempos modernos han sido el español y el inglés. Crearon, como era de esperarse,° sociedades diferentes. El colonizador español, por lo menos al principio, vino solo, sin mujeres. Los ingleses, al contrario, vinieron con sus familias. La sociedad española incluyó a los indios, pero la inglesa los excluyó. Para los ingleses, los indios fueron un estorbo,° mientras que los españoles hicieron un esfuerzo para entenderse con ellos. Necesitaban a los indios para producir lo que enviaban a España: oro, plata, cueros,° azúcar y otros productos..También necesitaban a las mujeres indias para crear familias. Los españoles dedicaron gran parte de sus energías a la conversión de los indios al cristianismo, mientras que los ingleses, a pesar de su fervor religioso, no se interesaron por la salvación de los indios.

*como... as would be expected*

*hindrance*

*leather, hides*

Los españoles, obsesionados por la búsqueda del oro, recorrieron° y exploraron un espacio geográfico de dimensiones colosales. Los ingleses, en vez de hacer eso, se quedaron muy cerca de la costa, generando sus propias fuentes de riqueza, como los colonos llegados a Virginia en 1607, quienes, al no encontrar ricas minas de oro y plata, se dedicaron al cultivo del tabaco y al comercio de pieles. Los españoles hicieron derroche de° su riqueza minera, construyendo ciudades de gran esplendor; no así los ingleses, que fueron siempre frugales y se contentaron con la simplicidad de sus edificios.

*traveled*

*hicieron... squandered*

Así es que en las colonias europeas de América, surgieron dos sociedades poco parecidas, a causa de diferencias fundamentales en los motivos de colonización, la manera de ser de los colonizadores y el terreno sobre el cual establecieron su nueva vida. La conducta colonizadora de ambas naciones fue resultado de

La interpretación de los hechos

Hay dos leyendas sobre la colonización española del Nuevo Mundo, la «negra» y la «dorada». Según la primera, los españoles fueron los peores villanos que el mundo ha conocido; y según la segunda, fueron todo lo contrario: héroes cuya generosidad nadie ha igualado. Durante mucho tiempo, la leyenda «negra» fue la propaganda con la que Inglaterra y otras naciones europeas atacaron a su rival, España; y la leyenda «dorada» fue la propaganda con la que España se defendió. La influencia de ambas leyendas persiste todavía. Para muchos que no son españoles la imagen de España sigue siendo «negra» y los grabados° como el que aparece más arriba ayudan a perpetuar esta imagen.

    Lo cierto es que no todas las acciones de España de América durante los siglos XVI, XVII y XVIII fueron «negras» o «doradas». Ambas leyendas tienen algo de verdad y mucho de exageración. Lo peor es que ninguna de las dos valoriza el período colonial por lo que fue: un período de energías creativas que dieron forma a la cultura latinoamericana de hoy.   *(OAS)*

*engravings*

épocas y circunstancias que tienen muy poco en común, ya que los ingleses del siglo XVII no pensaban como los españoles del siglo XVI. Esto no quiere decir que una de las dos potencias° haya sido capaz de crear un sistema colonial superior. Sin embargo, cuando son comparados, a Inglaterra se le atribuye° una influencia positiva en sus colonias y a España, por el contrario, una influencia negativa.

*powers*

*se... is attributed*

## La retirada° española

*retreat*

Al comenzar el siglo XIX, uno de los grupos en que se dividía la sociedad colonial estaba harto de° España, de su modo de gobernar sus colonias, en particular. Este grupo era el de los criollos, quienes ya no estaban dispuestos° a tolerar que únicamente los peninsulares tuvieran derecho a ocupar los puestos gubernamentales más importantes. Tampoco estaban dispuestos a aceptar que España continuara imponiendo las restricciones que limitaban el desarrollo económico de las colonias.

*harto... fed up with*

*prone, willing*

Intelectualmente, los criollos formaban una clase aparte. Muchos habían sido enviados a estudiar a Europa. Eran gente que leía y viajaba y que estaba al corriente de° lo que ocurría en el mundo. Sabían que las trece colonias de Norteamérica se habían independizado de Inglaterra y que en Francia el pueblo se había rebelado exigiendo derechos para todos en lugar de privilegios para unos pocos. Según los criollos, era necesario que algo así también ocurriera en la América española para poder salir adelante.° Sus mentes se agitaban aún más con la lectura de libros que exponían nuevas ideas políticas, como las del filósofo francés Jean-Jacques Rousseau, quien en su libro *El contrato social* presentaba un nuevo modelo de gobierno basado en la voluntad general del pueblo.

*al... up-to-date with, informed about*

*salir... to get ahead*

Inspirados por el éxito° de la Revolución Norteamericana de 1776 y por las ideas de la Revolución Francesa de 1789, los criollos estaban preparados para actuar. Lo único que faltaba° era el momento oportuno. Y éste por fin llegó en 1810. España se encontraba entonces ocupada por los franceses. Los ejércitos de Napoleón la habían invadido dos años antes, y Napoleón había puesto en el trono español a su hermano José Bonaparte. Esto hizo que en la América española muchos criollos prominentes se rebelaran contra la autoridad real representada por un intruso y organizaran juntas locales de gobierno. La intención de éstas era gobernar en nombre del legítimo rey de España, Fernando VII, a quien Napoleón había arrestado y mantenía en Francia. La mayoría de los

*success*

*Lo... The only thing lacking*

peninsulares, mientras tanto, temiendo la pérdida de sus privile-gios bajo un gobierno criollo, aceptaban a Bonaparte.

Al asignarse la responsabilidad de gobernar, los criollos más inquietos se dieron cuenta de que podían aprovechar esta oportu-nidad para iniciar el movimiento a favor de la independencia. Y así, lo que comenzó como un acto de fidelidad al rey Fernando VII pronto se convirtió en una lucha por la libertad política de la América española. Las guerras de independencia comenzaron ese mismo año, 1810, y duraron catorce años. El conflicto se hizo más serio cuando Fernando VII volvió al trono en 1814, restableció la monarquía absoluta y envió a América tropas para acabar con los rebeldes que luchaban por la independencia.

México obtuvo su independencia en 1821, después de más de diez años de lucha. En la América del Sur las batallas continua-ron hasta 1824, dirigidas principalmente por dos hombres con un talento militar excepcional: José de San Martín y Simón Bolívar. Ambos organizaron ejércitos con gente de todas partes, incluso

Este singular e impre-sionante monumento en honor a San Martín y su Ejército de los Andes se levanta sobre el Cerro de la Gloria, en la ciudad argentina de Mendoza, situada en la región andina. San Martín entrenó a su ejército en esta ciudad. En el monumento se re-presentan algunas es-cenas que tienen que ver con la preparación del ejército para cruzar los Andes y enfrentarse a las fuerzas es-pañolas. (*OAS*)

europeos que eran veteranos de las guerras contra Napoleón. Los ejércitos libertadores lucharon independientemente uno del otro en diferentes partes de los Andes hasta llegar victoriosamente a Lima, el centro del dominio español. San Martín atacó desde el sur con un ejército que, organizado en la Argentina, cruzó los Andes, liberó a Chile y llegó al Perú. Bolívar atacó desde el norte, liberando Venezuela, Colombia y Ecuador. En el Perú, las fuerzas de San Martín atacaron primero, y las fuerzas de Bolívar continuaron el ataque hasta obtener la victoria definitiva en la batalla de Ayacucho, cerca de Lima, el 9 de diciembre de 1824.

Bolívar hubiera preferido una América politicamente unida, pero no tardó en darse cuenta de que ése era un sueño imposible. El resultado inmediato de la independencia fue la fragmentación del enorme territorio que se había mantenido unido bajo el poder de una monarquía que gobernaba por derecho divino desde Madrid. Como reacción contra ese centralismo, surgió un nacionalismo local que destruyó la unidad política del período colonial, dando origen a una serie de repúblicas.

Aunque hace 150 años que la América Latina es independiente, la influencia de tres largos siglos de dominación española todavía persiste en las instituciones, estructuras y actitudes hispanoamericanas, como se verá en los siguientes capítulos.

---

## Vocabulario

Busque en la columna de la derecha la definición correcta para cada una de las siguientes palabras. Si no aparece, exprésela con sus propias palabras.

| | | |
|---|---|---|
| 1. a causa de | metal precioso de color amarillo |
| 2. a partir de | que viene de |
| 3. exigir | que no es calmado, sino al contrario |
| 4. gobernante | gracias a |
| 5. hecho | tener la intención de |
| 6. impedir | ver mejor |
| 7. inquieto | comenzando en |
| 8. mitad | tener miedo |
| 9. nivel | dar, ofrecer |
| 10. plata | continuar |

11. por medio de      acción, algo que ocurrió

12. principio      rey, emperador o presidente de una nación

13. procedente de      de acuerdo con

14. proponerse      como resultado de

15. proveer      grado

16. seguir      comienzo

17. temer      pedir agresivamente o con firmeza

18. tolerar      hacer imposible

## Preguntas y opiniones

1. ¿Qué lengua impuso España en América? ¿qué autoridad? ¿qué religión?

2. ¿Cuáles fueron algunos de los productos comestibles que trajeron los españoles?

3. ¿En qué aspecto pudo el indio igualarse al español?

4. Explique qué era la encomienda.

5. ¿Cuál era la obligación del encomendero? ¿y la de los indios?

6. Ya que la encomienda no ayudó a los indios, ¿qué cree usted que España debió haber hecho en vez de encomendarlos?

7. ¿Cómo estaba estratificada la sociedad colonial hispanoamericana? Según usted, ¿existió una estratificación similar en la sociedad colonial inglesa? ¿Por qué sí o por qué no?

8. Para ser virrey, ¿habría usted tenido que ser criollo o peninsular? ¿Por qué?

9. ¿Por qué cree usted que España limitó el desarrollo económico y político de las colonias?

10. ¿Quiénes llegaron a ser los verdaderos amos de la América española? ¿por qué?

11. ¿Puede mencionar algunas de las diferencias entre el sistema colonial inglés y el español y algunas de las semejanzas?

12. ¿Se sentían los criollos oprimidos por España? ¿Qué es lo que querían?

13. Según usted, ¿por qué los criollos se sentían atraídos por las nuevas ideas, que en aquel entonces eran revolucionarias?

14. ¿Quiénes son los grandes héroes de la independencia sudamericana? ¿Puede usted relatar algunas de sus hazañas? ¿Encuentra usted algún parecido entre uno y otro? ¿y entre alguno de ellos y una figura notable de nuestros tiempos?

## Actividades

1. Tanto la independencia de la América Latina como la de los Estados Unidos pueden ser interpretadas de varias maneras. Refiriéndose a cada uno de los dos movimientos, haga una breve presentación explicando su acuerdo o desacuerdo con las siguientes interpretaciones.

   La independencia fue:

   a. un movimiento popular a favor de los grupos mayoritarios de la sociedad

   b. una consecuencia natural del desarrollo colonial

   c. un movimiento para asegurar el mantenimiento de libertades previamente adquiridas

   d. una lucha de clases

   e. una crisis producida por factores externos cuyo resultado fue crear naciones prematuramente

   f. un movimiento para tener libertades que de otra manera habría sido imposible adquirir

2. El colonialismo prácticamente ha desaparecido hoy en día. Pero, ¿sigue existiendo el imperialismo en el sentido de que las naciones grandes y poderosas tratan de dominar a las naciones pequeñas y débiles? ¿Qué cree usted? Si es así, ¿es inevitable, natural o deseable esta dominación?

# EL DESAFÍO A LA TRADICIÓN

# ❧ 6 ❧

## Los ideales
## y las
## realidades
## políticas

Desde la independencia hasta el presente, el desarrollo político de las naciones latinoamericanas ha sido doloroso,° particularmente si se compara con el de los Estados Unidos. En más de doscientos años de vida independiente, este país ha sufrido a nivel nacional una sola° tragedia separatista: la Guerra Civil del siglo pasado (1861–1865), entre el Norte y el Sur. En los países latinoamericanos, por el contrario, los conflictos de esta naturaleza han sido más comunes. Esta diferencia se puede explicar de varias maneras. Por ejemplo, podría ser atribuida a factores psicológicos: a las personas de origen hispano les resulta difícil controlar su impulsividad y sacrificar su individualismo. También podría explicarse diciendo que se debe a factores históricos: las naciones hispanoaméricanas nacieron sin estar preparadas para gobernarse. En todo caso,° lo importante es darse cuenta de que a los latinoamericanos les ha costado más que a los norteamericanos llegar a consolidarse en naciones.

La dificultad de unificar facciones ideológicas antagónicas ha dado origen a una vida política incomprensible para quienes están

*painful*

*single*

En... *At any rate*

Como oficiales de las fuerzas armadas, estos cadetes de la Academia Naval Argentina tendrán más oportunidad de ejercer poder político que muchos de sus compañeros civiles. Además, una carrera militar le ofrece a los jóvenes de clase media o baja la oportunidad de movilidad social y económica, algo que es más difícil de lograr en otros campos. (*OAS*)

acostumbrados a vivir bajo un sistema democrático. Las agencias noticiosas,° en general, casi siempre se limitan a divulgar información que se refiere a golpes de estado,° acciones represivas y otras actividades igualmente censurables° realizadas por gobiernos latinoamericanos que, en términos simplistas, se dice que son dictaduras militares. Los hechos que indican falta de madurez política y de respeto a los derechos humanos ocurren en algunos países, pero no en todos. El nivel de madurez política varía de un país a otro. Por ejemplo, México es un país que se ha distinguido por su estabilidad política; y mientras que Costa Rica y Venezuela son países democráticos, El Salvador y Bolivia todavía no han podido hacer realidad ese ideal. En vez de condenar a la América Latina como una región donde los golpes de estado están a la orden del día,° sería más constructivo aceptar que las fuerzas armadas han hecho, y siguen haciendo, el papel de dirigentes nacionales.

agencias... *news agencies*
golpes... *coups d'état*
*reprehensible*

a... *daily occurrences*

## La tradición caudillista

Los dirigentes criollos que lucharon por la independencia querían ocupar los puestos claves° de la administración con el propósito°

*key / purpose*

de lograr resultados tanto prácticos como idealistas. Por una parte, querían liberalizar la legislación económica con el propósito de beneficiarse; por la otra, querían instituir un régimen político basado en las ideas procedentes de las Revoluciones Norteamericana y Francesa. En ambos casos, la ruptura con España significó un rechazo° de la cultura española y la búsqueda de una nueva identidad. Y así, al declararse independientes, casi todas las naciones adoptaron constituciones que tuvieron por modelo a la de los Estados Unidos. Éstas fueron redactadas a conciencia,° promulgadas° solemnemente y luego ignoradas por completo, como si nunca hubieran existido. Fue imposible aplicar los principios democráticos enunciados en esos documentos idealistas, los cuales no tomaban en cuenta, ni° remotamente, la realidad social y humana de las nuevas repúblicas.

    Dentro de su herencia cultural, no había nada en la América hispana que pudiera servir de base° para poner en práctica una ideología democrática importada. Por lo tanto,° la retirada de las autoridades españolas y la negación de su sistema absolutista y centralista dejó un vacío° que no pudo ser llenado por ningún documento legal ni por una figura política tan poderosa como había sido el rey. Sin la dirección de una autoridad máxima, legítima y unificadora, las nuevas naciones no se pudieron consolidar. Al contrario, se dividieron en grupos que adoptaron posiciones opuestas: si unos querían un gobierno federal, otros proponían un gobierno central; si unos se llamaban «conservadores», otros se llamaban «liberales»; si unos estaban a favor de la república, otros proponían un retorno a la monarquía; si unos eran anticlericales,° otros eran defensores de la Iglesia. Y así en todo. La única manera de resolver las diferencias fue por medio de las armas. Por encima de° los intereses nacionales, surgieron los intereses partidistas° y las ambiciones personales. Los llamados *caudillos* comenzaron a dirigir guerras civiles y a disputarse el poder. Las nuevas naciones comenzaron a ser regidas° por estos líderes regionales de segunda clase, que llegaron a gobernar no porque hubieran sido elegidos, sino porque demostraron ser más fuertes que todos los demás aspirantes a gobernar. Así se impuso la voluntad del más fuerte y no la voluntad popular.

    Las divisiones y conflictos internos dieron lugar a la fragmentación de territorios que antes estaban política y administrativamente unificados. Las cinco provincias de Centroamérica se convirtieron en cinco pequeñas repúblicas. La federación de Simón Bolívar, llamada Gran Colombia, se dividió en tres países: Ecuador, Colombia y Venezuela. Más al sur, Paraguay y Uruguay se separaron de la Argentina.

*rejection*

*redactades… conscieciously drafted*
*proclaimed*

*not even*

*de… as a basis*
*Por… Therefore*

*void*

*against the interference of the Church in affairs of state*
*Por… above*
*partisan*

*ruled*

El caudillismo llegó a ser el camino para llegar a la presidencia; los caudillos que lograron ocuparla se convirtieron en los hombres más poderosos de sus respectivas naciones y usaron todo su poder para someter a éstas a su voluntad. Gobernaron como dictadores, formando gobiernos tiránicos hábiles,° que inspiraron admiración en unos y temor en otros. Tuvieron éxito, mediante el uso de lo que era natural para ellos: la fuerza, la demagogia y la represión. Persiguiendo° brutalmente a sus opositores, lograron acabar con las divisiones internas e imponer° la integración nacional. También fueron excelentes mantenedores del orden público y promotores del progreso material y económico, no para beneficio de la población en general, sino de ellos mismos y de sus amigos, parientes° y secuaces.° Notables representantes de esta tradición caudillista y dictatorial fueron el ecuatoriano Gabriel García Moreno, el argentino Juan Manuel de Rosas, el mexicano Porfirio Díaz, el guatemalteco Jorge Ubico, el peruano Augusto Leguía, el venezolano José Vincente Gómez, el dominicano Rafael Leonidas Trujillo y muchos más. Todos estos hombres constituyen figuras polémicas que gobernaron en forma autoritaria, caprichosa y tiránica. Hasta hoy día siguen siendo atacados o defendidos apasionadamente.

En la actualidad el caudillismo es una tradición que ya no opera como antes. Las circunstancias que hacían posible que un caudillo llegara a ser presidente por la fuerza y gobernara como dictador han cambiado. Hoy, solamente las fuerzas armadas pueden hacer algo así. Y ésta es una de las razones por las cuales los militares son tan visibles en la política latinoamericana. En muchos países, las fuerzas armadas han heredado los hábitos del caudillismo: pueden en cualquier momento apoderarse° del poder y gobernar arbitrariamente, para bien o para mal del pueblo.

## Las fuerzas armadas

Las primeras fuerzas aramadas latinoamericanas fueron los ejércitos improvisados que ganaron la independencia y luego se disolvieron. Los ejércitos modernos, como instituciones nacionales y profesionales, fueron creados más tarde por algunos de los caudillos que se hicieron presidentes. Los militares de hoy se consideran capacitados° para ser gobernantes y miembros de las fuerzas armadas a la vez. Han determinado que su misión es intervenir en los asuntos políticos de sus respectivas naciones cada vez que consideran que éstas están en peligro° de desintegrarse. Los militares

*capable*

*Persecuting*
*impose*

*relatives / fanatical followers*

*seize*

*qualified*

*danger*

La clase media y la democracia

Desde la década de los años 60, la clase media urbana ha crecido conside-
rablemente. A esta clase pertenecen° jóvenes como los de la foto, estudian-          *belong*
tes de una universidad del estado.

En cuanto a poder político y económico, hay importantes diferencias
entre la clase media norteamericana y la latinoamericana. Por lo general, su
poder político es débil, y el nivel de vida° de sus miembros, más bajo. Con el          *nivel... standard of living*
crecimiento de la clase media, no ha ocurrido lo que se esperaba: el desa-
rrollo de instituciones democráticas permanentes.

(© 1973 Carl Frank)

son los garantes del° orden establecido, o los encargados de imponer el orden que, según ellos, necesita el país. Por esta razón, los
golpes de estado perpetrados por las fuerzas armadas son frecuen-
tes en algunos países latinoamericanos. La gente está acostumbrada a ellos, de manera que no se sorprende con los cambios de
gobiernos que ocurren así. Hasta hay quienes piensan que en los
Estados Unidos debería ocurrir lo mismo. Se preguntan por qué
sus fuerzas armadas no deponen° a un presidente que, como se dice
comunmente, "mete la pata°" y desprestigia al país.°

A menudo los militares se consideran mejor preparados para
gobernar que muchos civiles. Creen que pueden hacerlo con más
orden y organización, dada la disciplina profesional a la cual están
acostumbrados. Además, no es raro que un militar tenga, a la vez,
una carrera universitaria civil: la de ingeniero, abogado o médico,
por ejemplo.

En años recientes, los militares han sido más visibles en la
usurpación del gobierno, pues se han apoderado de él hasta en
países como Chile y Uruguay, que se habían distinguido por su
sólida tradición democrática. Esta situación se debe a que han
estimado que las estructuras e instituciones tradicionales (incluyendo las de ellos) peligran° mucho más que antes. En otros casos,
su presencia es menos evidente, pero, aun cuando no ocupan el
poder, el apoyo que dan a un gobernante es decisivo.

Tradicionalmente las fuerzas armadas se han destacado° como

Las fuerzas armadas de casi todos los países latinoamericanos han sido denunciadas por sus acciones represivas en contra del pueblo. En nombre de la libertad y de la seguridad nacional, se han convertido en una policía secreta que ataca indiscriminadamente a cualquiera. La población civil está expuesta constantemente a la represión militar. (© *Susan Meiselas / Magnum Photos*)

instituciones conservadoras que han servido para defender los intereses económicos de la clase alta. Usan la represión para imponer un régimen autoritario. Pero ahora, algunos oficiales jóvenes parecen conscientes° de la necesidad de responder a los movimientos que exigen una vida mejor para las mayorías. Tanto estos militares jóvenes e idealistas como los más viejos coinciden en° que es necesario evitar que las naciones de la América Latina se vuelvan comunistas. No desean que en sus propios países se repita la historia de Cuba ni de Nicaragua, donde uno de los primeros actos después de la revolución fue el disolver las fuerzas armadas existentes.

*aware*

*coinciden... agree*

En resumen,° no se puede llegar a la conclusión de que los militares siempre han actuado en defensa de las clases altas. Han habido gobernantes militares que han iniciado cambios sociales para beneficio de las masas no privilegiadas. Y por paradójico que parezca, en los países donde no hay democracia, ésta sólo puede ser posible si las fuerzas armadas la promueven: las instituciones civiles carecen del poder necesario para hacerlo.

*En... In short*

## Vocabulario

Sustituya lo que está en *letra itálica* con una expresión de la columna de la derecha que tenga el mismo significado.

1. *De acuerdo* con los criollos, había que rechazar a España totalmente.

2. El absolutismo no *se usó como* modelo de gobierno.

3. Las constituciones proponían un proceso democrático que era ignorado *con frecuencia*.

4. El caudillismo del siglo XIX no *consideró* las necesidades de la mayoría.

5. Los latinoamericanos están *habituados* al control político ejercido por los militares.

6. Es increíble que *ahora*, después de casi dos siglos de vida independiente, sigan habiendo cambios de gobierno inesperados.

7. Ciertos dirigentes están tratando de *prevenir* que las masas tengan participación política.

8. En el ejército hay oficiales que *al mismo tiempo* tienen una profesión civil.

a menudo

depende de

al principio

a la vez

según

acostumbrados

en oposición

tomó en cuenta

sirvió de

rechazó

hoy día

divulgar

evitar

9. La seguridad interna de varios países *está en manos de* las fuerzas armadas.

10. Para ser imparcial, hay que *dar a conocer* lo bueno y lo malo de cada país.

## Preguntas y opiniones

1. ¿Dónde ha sido más difícil la consolidación nacional, en los Estados Unidos o en Latinoamérica? ¿Por qué?

2. ¿Cómo son las noticias que generalmente se escuchan sobre Latinoamérica? ¿Cree usted que las noticias sobre los Estados Unidos que se escuchan en Latinoamérica son sensacionalistas? ¿Por qué sí o por qué no?

3. ¿Cuáles eran las metas de los criollos antes de la independencia?

4. Describa las constituciones de las nuevas repúblicas latinoamericanas. ¿Por qué se trató de imitar el sistema político de los Estados Unidos?

5. ¿Qué pasó con el vacío que quedó cuando se retiraron las autoridades españolas? ¿Pasó lo mismo cuando se retiraron las autoridades inglesas de los Estados Unidos?

6. ¿Qué es un *caudillo*? ¿En qué forma llegaron los caudillos más fuertes a ocupar el poder? ¿En qué forma gobernaron? ¿Cómo explica usted la ausencia del caudillismo en los Estados Unidos?

7. ¿Qué institución opera actualmente como los caudillos del pasado?

8. ¿Por qué intervienen en la política los militares? ¿Por qué creen que pueden gobernar mejor que los civiles?

9. ¿Cuáles son las funciones más importantes de las fuerzas armadas en la América Latina?

10. En su opinión, ¿se le debe permitir a un régimen de orientación marxista llegar al poder? Si no, ¿qué deben hacer los militares para evitarlo?

11. En su opinión, ¿cuál de los tres elementos siguientes ha sido de más influencia en el desarrollo político de los países latinoamericanos: los atributos personales de un dirigente, los principios constitucionales o ciertas ideologías políticas?

## Actividad

Haga un proyecto de investigación sobre la política de los siguientes países: México, El Salvador, Costa Rica, Venezuela, el Perú y la Argentina. ¿En cuáles han habido elecciones presidenciales en los últimos dos años? ¿Quién ha ganado? ¿Cuáles de estos países son verdaderas democracias, según su opinión? ¿Por qué?

# 7

# La estructura del campo

En la América Latina la tierra ha sido el recurso más valioso y, por lo tanto, el más disputado. En tiempos precolombinos la explotación de la tierra hizo posible el desarrollo de las civilizaciones indígenas, y en tiempos modernos ha hecho posible el desarrollo de una oligarquía poderosa. Ésta, en una tradicional alianza con las fuerzas armadas y la Iglesia, ha dominado la vida política, social y económica de los países latinoamericanos en general.

## La oligarquía

El origen de la oligarquía data de la época colonial. Surgió como consecuencia de las encomiendas creadas por la Corona española. Éstas no otorgaban° el derecho a la posesión de las tierras sino únicamente a su explotación. Sin embargo, el resultado práctico de este sistema fue la concentración de grandes extensiones de tierra en pocas manos, extensiones que luego los encomenderos

*no... did not grant*

declararon que eran suyas. Y así, en todas partes surgieron las haciendas° y sus dueños, es decir, los hacendados o terratenientes.° Las haciendas también se conocen con el nombre de *latifundios*, particularmente cuando su extensión es muy grande. Además, en varios lugares tienen nombres locales. Por ejemplo, se les llama *estancias* en la Argentina, *fundos* en Chile y *fincas* en Centroamérica.

Después de la independencia, los terratenientes de las nuevas repúblicas se convirtieron en un grupo de gran influencia en la política. Además, se beneficiaron con el liberalismo económico decretado por los nuevos gobiernos que permitió la apertura° de nuevos mercados, lo cual estimuló la producción agrícola. Al mismo tiempo, la condición de servidumbre, a la cual estaban sujetos los trabajadores de las haciendas no sufrió° ningún cambio. Los terratenientes se constituyeron en una clase alta, minoritaria y poderosa, o sea, en una oligarquía. Aun hoy, sus miembros más típicos se comportan° como aristócratas y son extremadamente conservadores. Como es natural, esta oligarquía ha respaldado° a gobiernos que garantizan su situación privilegiada.

Por otra parte, los campesinos se están dando cuenta de que viven en una situación miserable. Es una nueva percepción adquirida a través de° estímulos externos que les exhortan a rebelarse si es necesario y que les prometen una vida mejor. Provienen, por ejemplo, del contacto con agitadores marxistas, estudiantes universitarios, misioneros protestantes y hasta de los anuncios° comerciales de la radio, los cuales promueven indirectamente la creación de una sociedad de consumo° rural. Los campesinos han dejado de ser pasivos y dóciles.

En algunos países, la oligarquía terrateniente ha perdido total o parcialmente su poder. Por ejemplo, en México fue suprimida por la Revolución de 1910. En la Argentina, los sindicatos° que protegen los intereses de los campesinos son relativamente poderosos. Aun en países menos avanzados y más tradicionales, como los de Centroamérica, la oligarquía ha tenido que compartir su posición dominante. Su poder se ha reducido a causa del surgimiento° de otros sectores empresariales° relativamente más progresistas, con intereses económicos no menos poderosos que los de la oligarquía. No obstante, la oligarquía continúa luchando por mantener intactas las estructuras basadas en el latifundio y la servidumbre. Insiste en perpetuar sus privilegios, sin darse cuenta de que el mundo ha cambiado, de que ya no es posible seguir sofocando las ideas y las aspiraciones de los demás.° Esta insistencia constituye uno de los principales problemas que

*large farms or estates / landowners*

*opening*

no... *did not undergo*

se... *behave*
*backed*

a... *through*

*announcements, ads*

sociedad... *consumer society*

*(farm or trade) unions*

*emergence / entrepreneurial*

los... *others*

En las haciendas hasta los niños trabajan. En esta foto están recogiendo café. Es un trabajo para el cual no hay máquinas. (*Sheila Turner / Monkmeyer Press Photo Service*)

obstaculizan el mejoramiento económico y el avance social de la población.

## La reforma agraria

Como se ha explicado, el concepto de la propiedad individual fue traído al Nuevo Mundo por los conquistadores. Antés de su llegada, los indios de las civilizaciones más avanzadas cultivaban la tierra comunalmente, mientras que los más primitivos eran todavía nómadas. Poco a poco, los pueblos sedentarios que poseían tierras las perdieron; este proceso se hizo aún más intenso después de la independencia. Enormes extensiones de tierra pasaron a manos de familias pudientes,° de compañías extranjeras y de la Iglesia. Los dos primeros grupos continúan controlando las tierras productivas en varios países. Por eso se dice que en éstos persiste una estructura de carácter «feudal» o «colonial». Las haciendas y las compañías agroindustriales dedicadas al cultivo intensivo de productos de exportación están en pugna° con la población rural dedicada a una agricultura de subsistencia. Este conflicto no es nuevo, pero se ha hecho más intenso debido al crecimiento demográfico.

    En numerosas ocasiones se ha sugerido la necesidad de implementar una reforma agraria para corregir el desequilibrio económico y social que existe entre hacendados y campesinos. La reforma agraria es un proceso que se refiere a la redistribución de la tierra. Sus partidarios consideran que el sistema de tenencia° actual es improductivo, injusto y anticuado. Es necesario que la reforma agraria nacionalice las tierras, total o parcialmente.

    Una vez° nacionalizadas, las tierras generalmente no quedan en manos del Estado. Éste las divide y las distribuye entre los campesinos. A la vez, se promulgan leyes que garantizan la existencia del nuevo sistema: unas limitan la extensión de las tierras que puede poseer una persona; otras prohiben que la tierra sea vendida o hipotecada.°

    En cada país latinoamericano, la implementación de una reforma agraria ha sido y sigue siendo motivo de controversia. Los economistas y sociólogos que están a favor saben que la oposición de los terratenientes es fuerte. También comprenden que la reforma agraria presenta grandes problemas técnicos y de organización. Las reformas agrarias realizadas hasta la fecha° no han dado resultados completamente satisfactorios. Sólo han demostrado que la simple división de tierras no produce automáticamente resultados favorables. Quizás el mayor problema sea la

*powerful*

*conflict*

*ownership*

*Una... Once*

*mortgaged*

*hasta... up until now*

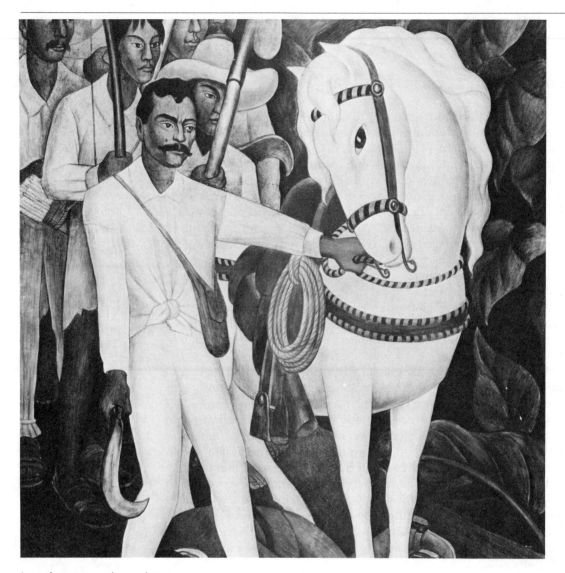

La reforma agraria mexicana

En este mural, Diego Rivera pintó a Emiliano Zapata como lo que fue (un campesino pobre) y como lo que es (un héroe contemporáneo del pueblo mexicano). Gracias a Zapata, México fue el primer país latinoamericano que puso en práctica un programa de reforma agraria. Los campesinos se organizaron, después de iniciarse la Revolución de 1910, para luchar contra los pocos pero poderosos hacendados que entonces controlaban la agricultura del país. Alrededor de un 90 por ciento de la población rural no poseía tierras. La rebelión campesina exigía la restitucíon de éstas a las comunidades. Su grito de batalla, «*tierra* y *libertad*», expresaba claramente lo que pedían. Zapata se mantuvo al frente de la lucha durante diez años, hasta que la distribución de tierras comenzó a ser una realidad en 1920.

En el México de hoy no hay grandes haciendas ni hacendados poderosos. La reforma agraria ha destruido este sistema, sustituyéndolo progresivamente por otro en el que las tierras son repartidas a las comunidades y trabajadas por los campesinos para su propio beneficio.

(*Collection, The Museum of Modern Art, New York. Abby Aldrich Rockefeller Fund.*)

---

falta de preparación de la población rural latinoamericana. Actualmente, ésta se puede dividir en tres grupos: el de campesinos que viven en haciendas trabajando para los hacendados y las compañías agrícolas, el de campesinos que cultivan sus propias tierras, y el de campesinos que sin trabajo ni tierra no tienen más remedio que emigrar a las ciudades en busca de trabajo. En ninguno de los tres casos se puede decir que los campesinos sean agricultores,° porque no saben explotar la tierra como negocio.° Cuando trabajan en las haciendas, lo hacen como peones° para beneficio de los terratenientes; cuando trabajan su propia tierra, generalmente se dedican a una agricultura de subsistencia. Para que una reforma agraria logre sus objetivos, debe proveer a los campesinos más que tierra: entre otras cosas, los conocimientos y los medios° que se necesitan para poder cultivar en forma intensiva y distribuir en gran escala.

En los países donde la economía nacional depende de la agricultura, la decisión de reformar o no reformar la estructura rural tiene que ser tomada muy en serio. Por una parte,° la reforma agraria fomenta la modernización destruyendo el poder económico de la oligarquía terrateniente. Pero, por otra parte,° trastorna° las fuentes que generan la riqueza agrícola, que es la base de la economía del país. Entre los partidarios y los adversarios de la reforma agraria se discute si la tierra rinde más en manos del estado o en manos privadas, bajo un sistema de parcelas pequeñas o de grandes haciendas. Los que oponen a la reforma agraria afirman que las haciendas emplean métodos de producción y distribucíon que son más eficientes. Y para demostrar que tienen razón citan como ejemplo el King's Ranch de Texas, la hacienda más extensa del mundo en manos de una sola familia.

En conclusión, los resultados que se pueden esperar de una reforma agraria dependen de su implementación. Si ésta se impone como una maniobra política para conseguir el apoyo de

*farmers*
como... *as a business*
*manual laborers*

*means*

Por... *On the one hand*

por... *on the other hand / it upsets*

Para que los campesinos puedan trabajar sus propias tierras, necesitan dinero. Este campesino colombiano está en un banco agrario, firmando los papeles para un préstamo de treinta mil pesos. Usará el dinero para semillas y fertilizantes. (*David Mangurian / Inter-American Development Bank*)

las masas campesinas, pero sin los medios para que se hagan° agricultores, lo más seguro es que la reforma no será de beneficio ni para los campesinos ni para la economía del país.

para... *for them to become*

---

## Vocabulario

Sustituya lo que está en *letra itálica* con la expresíon equivalente incluida en el grupo de palabras después de cada oración.

1. Los campesinos *exigen* mejores condiciones de vida.
   [exponen / demandan / proponen / esperan]

2. Los terratenientes *se comportan* como si estuviéran en el siglo XVIII.
   [se sienten / piensan / actuan / viven]

3. La radio y la televisión *fomentan* el consumismo.
   [crean / permiten / promueven / explotan]

4. El problema de la falta de tierra es más serio *debido al* crecimiento demográfico.
   [a través del / sin el / desde el / a causa del ]

5. Los hacendados y los campesinos son grupos que están *en pugna*.
   [atacándose / en transición / teniendo problemas / descontentos]

6. Todos necesitan tierra; *por lo tanto*, es un recurso muy valioso.
   [por una parte / por consiguiente / por necesidad / por ejemplo]

7. La gente del campo que está *sin trabajo* emigra a las ciudades.
   [nerviosa / insegura / insurrecta / desocupada]

8. Los *trabajadores agrícolas* están descontentos.
   [terratenientes / campesinos / hacendados / encomenderos]

9. Los hacendados *respaldan* a los gobiernos que defienden sus intereses.
   [ignoran / combaten / apoyan / ayudan]

## Preguntas y opiniones

1. ¿A qué se debió la concentración en pocas manos de grandes extensiones de tierra en la América Latina?

2. ¿Cómo llegaron a formar una clase poderosa los terratenientes?

3. ¿A qué clase de gobiernos apoya la oligarquía?

4. ¿De qué no se dan cuenta los miembros de la oligarquía?

5. ¿Qué factores han contribuido a que los campesinos quieran mejorar sus condiciones de vida?

6. ¿Es flexible la oligarquía? Ilustre su opinión con ejemplos.

7. Si usted fuera miembro de la oligarquía, ¿cómo defendería su posición privilegiada?

8. ¿De dónde vino el concepto de la propiedad privada?

9. En lugares donde la estructura del campo es «feudal», ¿quiénes son los dueños de las tierras productivas?

10. ¿En qué consiste una reforma agraria?

11. ¿Un campesino que recibe tierras puede hacer con éstas cualquier cosa?

12. ¿Qué necesitan aprender los campesinos?

13. ¿Por qué la reforma agraria no puede tener éxito si no hace más que repartir tierras?

14. ¿Por qué cree usted que la ley no permite que los campesinos vendan la tierra que reciben?

15. ¿Cuáles son algunas de las ventajas y desventajas de una reforma agraria?

16. En su opinión, ¿qué es más eficiente: un sistema donde hay un pequeño número de grandes productores? ¿o un sistema donde hay un gran número de pequeños productores?

## Actividad

El ministro de agricultura de un país latinoamericano le ha pedido a usted que explique cómo es posible que en los Estados Unidos un agricultor produzca suficiente comida para él y cincuenta personas más, por lo menos. ¿Cuáles de los siguientes puntos incluiría en su respuesta? ¿cuáles no? ¿Por qué?

a. el uso intensivo de maquinaria y productos químicos tales como fertilizantes y pesticidas

b. el comer los norteamericanos muy poco, mucho menos que la gente de otros países

c. el sistema de la tenencia de la tierra

d. la relación entre los trabajadores y los dueños o administradores de las fincas

e. la existencia de tierras y condiciones ambientales mejores que en el país del ministro

# 8

# Actitudes y valores de la vida diaria

La herencia cultural de cada persona le hace ver las cosas a su manera. Por eso, las costumbres que dentro de una sociedad son naturales les pueden sorprender a los miembros de otras sociedades. Así mismo, hay conceptos y palabras que se prestan° a una interpretación diferente dentro de cada grupo cultural. Por ejemplo, para un norteamericano es natural usar el nombre *America* para referirse a su país. Pero si hace ésto cuando está hablando con un latinoamericano, es casi seguro que lo va a ofender. ¿Por qué? Porque los latinoamericanos consideran que para designar a los Estados Unidos, los norteamericanos arrogantemente han hecho suyo un nombre que pertenece a todo el Nuevo Mundo.

Como productos de culturas diferentes, los latinoamericanos y los norteamericanos también difieren en sus conceptos de la familia, del trabajo, de la religión y de otros componentes de la vida diaria.

se… *lend themselves*

# La importancia de la familia y los amigos

En la vida de un latinoamericano lo más importante es su familia. Pero no es una familia compuesta de padres e hijos únicamente. La familia latinoamericana incluye además a abuelos, tíos, primos y demás° parientes, desde los más jóvenes hasta los más viejos, tanto por parte° de la esposa como del esposo. También incluye a los padrinos° y a los amigos que son aceptados como si fueran parte de la familia. Cuanto más grande sea la familia, mejor,° porque constituye el único grupo de personas con el cual sus miembros se pueden identificar plenamente.° La familia representa estabilidad y seguridad, especialmente para los miembros de las clases media y baja. Fuera de la familia existe un mundo hostil, que hoy puede estar a favor de uno y mañana en contra. La familia, al contrario, siempre es leal.°

Es común que bajo un mismo techo° vivan varios miembros de la familia, además de los padres y los hijos, aunque una de las aspiraciones de un matrimonio joven de clase media urbana es llegar a tener su propia casa o condominio, por pequeño que sea.° Esta tendencia y el crecimiento urbano están contribuyendo a que los miembros de la familia se vean menos.

El tener muchos parientes, amigos y conocidos° ayuda a tener éxito en la vida. Las funciones que cumplen° estas relaciones no tienen límite. Por ejemplo, un pariente que es dueño de una fábrica representa una fuente de empleo para otros miembros de la familia; un pariente adinerado° es el banco al que otros parientes pueden acudir° si necesitan un préstamo.° Un amigo médico o dentista nos atenderá mejor que uno a quien no conocemos, aunque sea una eminencia°; un conocido en el gobierno nos hará más fácil obtener lo que necesitamos: una licencia para conducir o un pasaporte, por ejemplo. Si el latinoamericano escoge a la persona conocida y no a la más eficiente es porque en su cultura la relación personal tiene más valor que la impersonal. Corrientemente,° los servicios que se dan o se reciben de otras personas, aun en situaciones formales, son vistos como «favores».

Dado que el círculo de parientes y amigos es tan importante en su vida, los latinoamericanos muestran poco interés en formar asociaciones con otras personas. En cambio, como escribe el ensayista español Fernando Díaz-Plaja, «La asociación acompaña al (norte)americano a través de toda su vida».* Muchas de las activi-

*all other*
*por… on the side*
*godparents*
*cuanto… the larger the family, the better*
*fully*

*loyal*
*roof*

*por… no matter how small*

*acquaintances*
*fullfil*

*wealthy*
*go / loan*

*aunque… even if he (she) is an eminent person, authority*

*Ordinarily*

---

* *Fernando Díaz-Plaja,* Los siete pecados capitales en los Estados Unidos *(Madrid: Alianza Editorial, 1970), págs. 60-61.*

Una típica reunión familiar durante las Navidades. En muchos hogares todos los miembros de la familia almuerzan juntos los domingos y los días de fiesta. Los niños tienen la oportunidad de estar no sólo con sus padres, sino también con sus primos, tíos y abuelos. (*Walter D. Hartsough*)

dades que el latinoamericano realiza dentro de su círculo familiar, el norteamericano las realiza como miembro de una organización que sirve a la comunidad. Tal es el caso de las actividades sociales organizadas por y para los miembros de una iglesia. Lo mismo ocurre con los gustos e intereses personales: el latinoamericano los comparte con miembros de su círculo familiar, mientras que el norteamericano se hace socio de° un club que agrupa a personas que tienen en común esos gustos e intereses.

*se... joins*

## El «arielismo»

Con relación a la imagen que los latinoamericanos tienen de los norteamericanos, aún se sigue sintiendo la influencia de *Ariel*, un libro que apareció hace casi un siglo. Fue escrito por el uruguayo José Enrique Rodó. *Ariel* es un ensayo cuyo propósito es guiar a los estudiantes en la apreciación de valores. Rodó presenta la opción entre los valores espirituales y los materiales, el contraste entre

Ariel y Calibán, personajes del drama *La tempestad* de Shakespeare. Ariel es el símbolo de un mundo superior, espiritual e idealista; Calibán es el símbolo de un mundo inferior, materialista y utilitario. Ejemplos del primero son los países de América Latina, y ejemplo del segundo, los Estados Unidos.

Hoy casi nadie lee *Ariel,* pero los latinoamericanos usualmente siguen comparándose a los norteamericanos en términos de contrastes dualistas. La opinión pública latinoamericana, por ejemplo, sostiene° que los norteamericanos se interesan en hacer dinero, mientras que los latinoamericanos se interesan en crear belleza; o que los primeros son materialistas y fríos, en oposición a los segundos, que son idealistas y apasionados. El latinoamericano se atribuye a sí mismo característscas que considera como positivas, y le atribuye a los norteamericanos las que considera como negativas. Esta manera de compararse ha sido interpretada como un mecanismo de compensación psicológica por parte de los latinoamericanos, que se sienten en desventaja ante el poderío abrumador° de los Estados Unidos.

*maintains*

*overwhelming*

A través del cine, la televisión, la música popular y las revistas, la juventud urbana de hoy vive bajo la influencia cultural de los Estados Unidos. Ésta altera las costumbres, los gustos y los valores tradicionales.
(© *Peter Menzel*)

# Trabajo, dominio del mundo y diversión

Los latinoamericanos trabajan por necesidad más que por vocación. La mayoría no considera que el trabajo es una actividad que dignifica o un camino que conduce al éxito; tal valorización del trabajo no tiene sentido en una sociedad donde los empleados raramente tienen oportunidades de lograr lo que en la sociedad norteamericana se llama movilidad económica y social ascendente.° 

Los norteamericanos han demostrado que pueden transformar su medio ambiente; se sienten dueños y señores° de su mundo. Los latinoamericanos, al contrario, se sienten dominados por el suyo. El mundo exterior que rodea el círculo de parientes y amigos está lleno de personas y cosas en las que es imposible confiar.° Es un mundo donde, entre otras cosas, el trabajo es escaso y la justicia, arbitraria. La conocida frase «Así es la vida» es una expresión de resignación ante lo que se considera como inevitable. Esta actitud conformista y fatalista hace que los latinoamericanos no sientan la necesidad de iniciativa ni responsabilidad, dos debilidades° que son serias. El latinoamericano se ve a sí mismo como víctima de circunstancias adversas que no puede controlar. Por eso, si llega tarde al trabajo, no dirá, como el norteamericano: «*I missed the bus*», sino: «Me dejó el autobús».

Pero, por muy miserables° que sean sus vidas, los latinoamericanos tienden a ser generosos y hospitalarios. Siempre son capaces de reír y divertirse. Las festividades patrióticas y religiosas son muy importantes, particularmente para las personas que ganan poco y no pueden darse otros lujos.° Ellas son quienes° llenan las calles cuando es día de fiesta, como pasa en Río de Janeiro para Carnaval o en México el Día de la Virgen de Guadalupe. Las festividades populares, como dice el escritor Octavio Paz, refiriéndose a México, «sustituyen... al teatro y a las vacaciones, al *weekend* y al *cocktail party* de los sajones°».*

movilidad... *upward social and economic mobility* / dueños... *lords and masters*

*to trust*

*weaknesses*

por... *however miserable*

darse... *afford other luxuries* / *the ones who*

*Anglo–Saxons*

# «El culto de la fuerza»

En la América Latina todavía es fácil encontrar una mentalidad de estilo fronterizo, como la de ciertos pioneros norteamericanos durante la colonización del Oeste. En esa sociedad, los hombres

*\*Octavio Paz, El laberinto de la soledad (Mexico, D.F.: Fondo de Cultura Económica, 1972), pág 43.*

frecuentemente recurrían° a la violencia para resolver diferencias. *resorted*
Los hombres se hacían respetar° por su fuerza, astucia y arrojo,° *se... made themselves*
dando lugar a lo que el escritor boliviano Alcides Arguedas llama *respected / boldness*
«el culto de la fuerza».

En la América Latina el culto de la fuerza hizo que surgieran los
caudillos, y que el más fuerte de ellos se hiciera presidente. También hizo que en el campo de las relaciones humanas surgiera la
admiración por el hombre «macho», es decir, el hombre dominado
por los valores del machismo. El machismo consiste en una obsesión por afirmar una masculinidad primitiva y bárbara. Ésta se
afirma proyectando una imagen de hombre fuerte, con una capacidad ilimitada para relacionarse sexualmente con las mujeres,
consumir bebidas alcohólicas y provocar peleas con otros hom-
bres. Ante peligros o amenazas° no se hace para atrás° sino al *threats / no... he doesn't*
contrario. *step back, retreat*

La aceptación de relaciones autoritarias, la inclinación hacia el
personalismo y el sentimiento de no poder dominar el mundo son
tres características tradicionales de la mentalidad latinoameri-
cana. Se manifiestan° diariamente en situaciones y reacciones *se... become apparent*
como las descritas.

---

## Vocabulario

Identifique la palabra o expresión que por su significado no guarda relación con las
otras de su grupo. Use esta palabra, o una de las tres que se relacionan entre sí en una
oración original.

1. tener / poseer / pertenecer / contar con

2. expresiones / términos / palabras / costumbres

3. parientes / partidos / facciones / grupos

4. conducir / escoger / manejar / guiar

5. empleo / ocupación / trabajo / ensayo

6. corrientemente / comúnmente / actualmente / usualmente

7. darse cuenta / hacer / realizar / llevar a cabo

8. ocurrir / pasar / suceder / tener éxito

9. así mismo / también / a sí mismo / además

## Preguntas y opiniones

1. ¿Por qué es ofensivo que un norteamericano diga *América* para referirse a los Estados Unidos?

2. ¿Qué diferencias hay en la América Latina entre el mundo de la familia y el mundo exterior?

3. ¿Por qué cree usted que en la América Latina las familias tienden a vivir menos separadas que en los Estados Unidos? ¿Cuál es la causa que los miembros de algunas familias vivan separados y se vean menos?

4. ¿Por qué es conveniente para un latinoamericano conocer a mucha gente y pertenecer a una familia numerosa?

5. ¿Diría usted que en Latinoamérica las relaciones basadas en el paternalismo y el personalismo son más comunes que en los Estados Unidos? ¿Por qué?

6. ¿Tienen poca importancia para los latinoamericanos las organizaciones sociales, deportivas o cívicas? ¿Por qué?

7. ¿Cuál es el tema de *Ariel*? ¿Conoce usted algún libro reciente que trate el mismo tema? ¿Cuál?

8. En *Ariel*, ¿qué simbolizan la América Latina y los Estados Unidos? ¿Considera usted que estos valores son incompatibles? ¿Por qué sí o por qué no?

9. ¿Cómo se explica el hecho de que se atribuya a los norteamericanos características negativas? ¿Está usted de acuerdo con esta explicación? Si no, ¿puede dar una que le parezca mejor?

10. ¿Quiénes tienen una relación más positiva frente al mundo: los latinoamericanos o los norteamericanos? ¿Por qué?

11. ¿Qué considera usted que tienen en común un *cocktail party* y una festividad popular mexicana?

12. ¿Qué considera usted que tienen en común el machismo y el caudillismo?

## Actividad

Averigüe lo que otros piensan sobre los Estados Unidos entrevistando a un(a) estudiante extranjero/a preferiblemente latinoamericano/a, que estudia en su universidad. (O entreviste a cualquier persona de origen extranjero, hispánico si es posible, que usted conozca.) Después, preséntele a la clase el resultado de la entrevista. Éstas son algunas preguntas que le puede hacer a su entrevistado/a.

1. ¿Cómo se llama? ¿De dónde es? ¿Por qué vino a los Estados Unidos?

2. ¿Qué le parecen los norteamericanos a usted? ¿Qué cualidades tienen? ¿qué defectos?

3. ¿Cómo son vistos los Estados Unidos en su país? ¿Cómo influyen allí? ¿Es verdadera o falsa la impresión que la gente de su país tiene de los Estados Unidos?

4. ¿Desde que está en este país, ha cambiado su impresión personal de los Estados Unidos? ¿y la de los norteamericanos?

# 9

## Iglesia y religión

La Iglesia Católica en Latinoamérica opera como institución y como religión. Desde el punto de vista institucional, se relaciona con las cosas de este mundo: por ejemplo, se declara a favor o en contra de ciertas ideologías políticas, denuncia la injusticia social y condena el control de la natalidad por medios artificiales. Desde el punto de vista religioso, la Iglesia se preocupa por la relación entre los seres humanos y Dios.

### La iglesia activista

El Nuevo Mundo fue conquistado por España no sólo con la espada sino también con la cruz. Como dice el historiador venezolano Rufino Blanco-Fombona, «la conquista de América por España tiene algo de cruzada; fue la última cruzada».* El conquistador y

---

*Rufino Blanco-Fombona, El conquistador español del siglo XVI *(Madrid: Mundo Latino, 1922), pág. 211.*

el fraile vinieron juntos al Nuevo Mundo como colaboradores. El conquistador se encargó de° la conquista militar; el fraile, de la espiritual, ya que la conversión de los indios al cristianismo fue obra de los misioneros. Desde California hasta la Argentina, los misioneros les enseñaron a los indios la nueva religión empleando un sistema que hoy llamaríamos *audiovisual*. Como los indios no sabían leer ni escribir, era necesario hacerles ver la grandeza de Dios en términos gráficos. Bajo la dirección de los misioneros, los indios tomaron parte en la construcción de gran número de iglesias y conventos, y en la creación de animados espectáculos populares. Los indios participaron, y aún participan, en danzas creadas para simbolizar luchas entre cristianos y paganos, santos y demonios, virtudes y pecados.° Los temas religiosos inspiraron el desarrollo de la música, el teatro, la pintura y la escultura coloniales.

Durante todo el período colonial, la Corona y la Iglesia se complementaron. La separación entre la Iglesia y el Estado no llegó a ser una realidad sino hasta después de la independencia, en el transcurso° del siglo XIX. La Iglesia perdió entonces sus privilegios, la mayor parte de sus propiedades° y el papel° administrativo que había desempeñado° hasta entonces. Dejó de ser la proveedora exclusiva de servicios tales como escuelas, universidades, hospitales y centros de asistencia social. Estas restricciones afectaron las funciones de la Iglesia, pero no su influencia sobre la población. Es cierto que mucha gente nunca va a misa, pero presta atención° a lo que dicen y hacen los obispos y sacerdotes.

De las instituciones cuya influencia es decisiva en la política latinoamericana, la Iglesia parece ser la más ambivalente. Por una parte, ha sido aliada de la oligarquía terrateniente y de los militares conservadores y, por la otra, se ha declarado a favor de la justicia social y los derechos humanos. Algunos sacerdotes y obispos, incluso,° han llegado a apoyar a los movimientos subversivos que luchan por el establecimiento de un régimen marxista.

Esta actitud, hasta cierto punto contradictoria, no es nueva; más bien, es consecuente° con la manera en que la Iglesia ha actuado en el Nuevo Mundo desde las primeras décadas de la época colonial. Entonces la Iglesia, o por lo menos una parte de ella, luchó para que los indios fueran tratados con justicia y fueran reconocidos como seres humanos y no como esclavos. La Iglesia colonial, a pesar de ser un organismo oficial unido a la Corona, denunció como abusivo y contrario a sus propósitos el sistema de encomiendas que la Corona creó. Durante las guerras de independencia, la Iglesia se opuso oficialmente a las fuerzas libertadoras por temor a perder sus privilegios. No obstante, en México y Centroamérica los iniciadores del movimiento independentista fueron

*se... took charge of*

*sins*

*course*
*real estate / role*
*performed*

*presta... they pay attention*

*even*

*consistent*

El Papa Juan Pablo II, con un niño mexicano en los brazos. El primer país latinoamericano visitado por el Papa fue México. (*UPI*)

los sacerdotes rebeldes Miguel Hidalgo y Costilla y José Matías Delgado, respectivamente.

Los sacerdotes militantes de hoy comparten con sus colegas rebeldes del pasado la convicción de que la Iglesia debe luchar a favor de los oprimidos, de los grupos humanos que son explotados económicamente y viven en la miseria. Algunos, como el poeta y sacerdote jesuita Ernesto Cardenal, que es ministro de cultura de Nicaragua, se han declarado abiertamente marxistas y su actuación está en conflicto con la posición oficial de la Iglesia. Igualmente conflictiva es una Carta Pastoral° firmada por seis obispos brasileños que hacía la siguiente exhortación: «Es necesario vencer al capitalismo: el mal mayor, el pecado acumulado, la raíz podrida,° el árbol que produce esos frutos que nosotros conocemos: pobreza, hambre, enfermedad, muerte....»

*pastoral letter (i.e., from a priest to the people)*

*rotten*

Esta actitud de combate ha impulsado a las fuerzas represivas que operan en varios países a asesinar a numerosos religiosos, aun sin ser militantes. Según algunos, Moscú está utilizando a la Iglesia para que, por medio de su influencia sobre la población, el comunismo adquiera más adherentes.° Oficialmente, la Iglesia niega estar a favor o en contra de determinadas ideologías políticas y condena la violencia como medio para solucionar conflictos.

*proponents*

## El fervor religioso

Dentro de la población católica de la América Latina existe firmemente la creencia de que la voluntad de Dios impera° sobre los deseos de los seres humanos. Como dice el refrán, «El hombre propone, y Dios dispone».° Para tratar de influir sobre la voluntad divina, los creyentes se relacionan con Dios por medio de los santos, la Virgen María y la imagen de Cristo en la Cruz. A través de estas figuras se humaniza la idea abstracta de un Dios supremo y todopoderoso. Después de todo, los santos, la Virgen y Cristo fueron seres humanos como los creyentes.° Lo que los hace diferentes es su santidad, pero esta distinción les confiere atributos sobrenaturales sin deshumanizarlos.

*prevails*

*orders*

*believers*

A menudo, el católico latinoamericano trata a los santos, a la Virgen y a Cristo como si fueran amigos íntimos o parientes muy cercanos. De ellos espera comprensión, apoyo° y, en particular, favores. A cambio de un favor, el creyente le hace un ofrecimiento° al santo.

*support*
*offering*

El catolicismo de la América Latina se distingue por su carácter personalista. Los creyentes convierten su religión en algo de este mundo y no del otro. No sólo hay pueblos y ciudades con nombres de santos sino también tiendas y fábricas. La gente se puede llamar María, José y hasta Jesús. A menudo, este último nombre se usa combinado con otro, como en Roberto de Jesús o Miriam de

Jesús. Mediante el uso de la preposición *de* se establece una relación de pertenencia° entre una persona común y el hijo de Dios.

*belonging*

En la América Latina el 90 por ciento de la población es católica. Los creyentes se comunican de manera personal y emotiva con las figuras divinas para exponerle problemas, temores, deseos y esperanzas. Para la mayoría, la religión es más que un sistema formal de principios morales; es algo que ayuda a hacer la vida más llevadera,° especialmente para la gente pobre. La religión también inspira creaciones artísticas y celebraciones populares de carácter solemne o festivo. Cada pueblo o ciudad celebra su feria anual durante la semana en que cae el día del santo patrón. En los Estados Unidos las festividades comparables no están relacionadas con la religión; más bien, éstos son eventos organizados por una cámara de comercio u otras organizaciones similares.

*bearable*

Refiriéndose a los mexicanos, el escritor Joaquín Antonio Peñalosa afirma que ellos «necesitan ver para creer». Y lo mismo se puede decir del resto de los creyentes latinoamericanos. Para creer necesitan, como lo expresa Peñalosa, «tocar con sus manos las llagas° de la escultura de un Cristo crucificado..., mirar el esplen-

*wounds*

Una típica iglesia católica de Latinoamérica se parece poco a una típica iglesia protestante de los Estados Unidos. Ambas son iglesias cristianas, pero hay un contraste muy grande entre la riqueza de la primera y la sobriedad de la segunda. (© *Peter Menzel /Stock, Boston*)

La devoción de los indios

En los días de mercado, los indios maya-quichés van a la iglesia de Santo
Tomás, en Chichicastenango, Guatemala, a orar.° Hincados° sobre el piso de       *to pray / Kneeling*
la rústica iglesia, oran en su lengua precolombina, encienden velas° pe-          *candles*
queñas y riegan° pétalos de rosa. De esta manera se dirigen a deidades de         *scatter*
origen precolombino y a santos católicos para pedir favores o dar gracias.
Se dice que su religión se halla entre la piedra° y la cruz, la piedra de los      *stone*
ídolos antiguos y la cruz del cristianismo.
    (*OAS*)

dor de las ceremonias, caminar al filo° de una procesión, oír la
música del órgano y las guitarras en la misa.... Es una fe de ver,
oír, oler, gustar y tocar».*

   *al... in the middle*

En ciertos lugares, las creencias católicas coexisten con creencias precolombinas o de origen africano. Todavía perdura° el sentimiento religioso de los aztecas, mayas e incas, lo mismo que el de
los esclavos negros. Al igual que sus antepasados, la gente sigue
creyendo en la existencia de espíritus con poderes sobrenaturales.
Unos hacen el bien; otros, el mal. El cristianismo africanizado ha
dado lugar a cultos como la macumba° del Brasil y el vodú de
Haití. En Guatemala se venera la misteriosa imagen de un hombre
llamado San Simón. Se presume° que en parte este culto se deriva
de prácticas mayas que han sobrevivido adaptadas a la cultura
occidental. Y en el Perú y Bolivia la gente le sigue haciendo ofren-
das a Pacha-mama, la Madre Tierra de los tiempos precolombinos.

   *survives*

   *cult celebration, a mix-
ture of African and
Catholic beliefs*
   *Se... It is presumed*

---

## Vocabulario

Complete las definiciones buscando las palabras correspondientes en la lista de la
derecha.

1. Un verbo que significa lo mismo que *usar* o *utilizar*
   es _____.

2. Una de las armas usadas por los conquistadores fue
   la _____.

3. Responsabilizarse por algo es lo mismo que
   _____ de algo.

4. En la Iglesia Católica, el equivalente de un ministro
   protestante es un _____.

5. Una acción en contra de la ley de Dios es un
   _____.

6. Durar mucho tiempo es _____.

7. Una expresión que significa lo mismo que *sin
   embargo* es _____.

8. El símbolo de la Cristianidad es la _____.

asesinar

pecado

emplear

vencer

no obstante

misa

iglesia

espada

obispo

cruz

complementarse

madurar

---

*\* Joaquín Antonio Peñalosa,* Vida, pasión y muerte del mexicano *(México, D.F.:
Editorial Jus, 1974), pág. 125.*

9. Un verbo que significa lo mismo que *derrotar* es
   _____.

10. Matar es un acto criminal que significa lo mismo
    que _____.

encargarse

sacerdote

perdurar

## Preguntas y opiniones

1. ¿Por qué dice Blanco-Fombona que la conquista de América fue como una cruzada?

2. ¿Por qué fue necesario enseñarles a los indios la religión en términos gráficos?

3. ¿A qué atribuye usted el interés por cristianizar a los indios de la América española? ¿Por qué cree que no pasó lo mismo en las trece colonias de Norteamérica?

4. ¿De qué institución dependían todas las escuelas y hospitales durante la colonia?

5. ¿Por qué refleja la Iglesia una actitud contradictoria respecto al orden establecido?

6. ¿A quiénes defendió la Iglesia durante la época colonial? ¿Y, durante la lucha por la independencia, de qué lado se puso?

7. ¿Debe la Iglesia participar en la política y declararse a favor o en contra de determinadas ideologías políticas? ¿Por qué sí o por qué no?

8. Si usted fuera sacerdote en la América Latina, ¿sería militante? ¿Cuál sería su reacción ante la injusticia social?

9. En su opinión, ¿tienen razón en atacar al capitalismo algunos obispos? ¿Por qué sí o por qué no?

10. ¿Cree usted que la Iglesia y el marxismo tienen algo en común? ¿Qué, por ejemplo?

11. ¿Por qué son más importantes la Virgen y los santos para los cristianos hispanoamericanos que para los norteamericanos?

12. Entre los católicos latinoamericanos y los protestantes norteamericanos, ¿se diferencia la manera de relacionarse con Dios? ¿Cómo?

13. ¿Cómo han influido las culturas precolombinas en el cristianismo del Nuevo Mundo? ¿y la cultura africana?

14. ¿Qué función desempeñan las imágenes, las celebraciones y la música en la religión de los hispanoamericanos?

## Actividades

1.  Hay quienes ven alguna correspondencia entre los sistemas económicos, las ideologías políticas y la religión. Asumiendo que tales correspondencias existen, diga si está de acuerdo o no con lo siguiente y explique por qué.

    a.  Un gobierno autocrático es más compatible con el catolicismo que con el protestantismo.

    b.  Un gobierno democrático es más compatible con el protestantismo que con el catolicismo.

    c.  Una economía socialista es más compatible con el catolicismo que con el protestantismo.

    d.  Una economía capitalista es más compatible con el protestantismo que con el catolicismo.

2.  Basándose en el contenido de este capítulo y en las ideas que ha adquirido de otras fuentes, discuta si la Iglesia ha sido una fuerza positiva o negativa en la sociedad latinoamericana. Dé una lista de ejemplos para ilustrar en qué forma la Iglesia ha actuado positivamente y en que forma ha actuado negativamente.

# 10

# ¿Evolución o revolución?

Como en la América Latina los gobiernos autoritarios generalmente han gobernado para beneficio de unos pocos, y no de las grandes mayorías, la desigualdad socioeconómica que surgió con la conquista no ha desaparecido. Ésta, al contrario, se ha perpetuado y fortalecido.° Hoy, sin embargo, las formas de poder político que garantizaban esta situación ya no son efectivas: la minoría dominante y la mayoría dominada están en pugna. Esta última ya no está conforme con su situación; exige participación en la política y tener acceso a mayores oportunidades económicas.

    *grown stronger*

Para responder adecuadamente a las necesidades y aspiraciones de la mayoría, las estructuras de poder y la orientación política no pueden permanecer° como hasta ahora. Es necesario que cambien, y por esta razón el futuro político de varios países es incierto. Según el sociólogo brasileño Darcy Ribeiro: «Es de creer que° las naciones latinoamericanas están entrando en una fase histórica tan convulsionada como la que antecedió° y siguió a la independencia.»*

    *remain*

    Es... *One can believe that*

    *preceded*

*Darcy Ribeiro: El dilema de América Latina: Estructuras de poder y fuerzas insurgentes (México, D.F.: Siglo XXI Editores, 1970), pág. 117.

# Las contradicciones del progreso económico

Los latinoamericanos nunca han marchado a la cabeza de la técnica, los negocios y las finanzas. No obstante, han comprendido la necesidad de hacerse expertos en estos campos para poder alcanzar un nivel satisfactorio de desarrollo económico. Aunque acostumbrados a un mundo donde el personalismo y el paternalismo están muy desarrollados, han incorporado a su cultura modelos en los que el éxito se mide° en términos de productividad y eficiencia. *se... is measured*
El crecimiento urbano, la industrialización, el desarrollo de la infraestructura, la influencia de la cultura popular norteamericana y el deseo de una vida holgada° son algunos de los elementos *comfortable*
que están haciendo desaparecer viejas costumbres.

Los latinoamericanos de hoy aspiran a ser considerados como una sociedad moderna y progresista. En cada país, la gente está orgullosa de contar con autopistas,° plantas industriales, y otros *turnpikes, freeways*
símbolos del progreso. Pero esta transformación del ambiente físico no necesariamente indica una transformación equivalente en el campo de las estructuras sociales, las instituciones políticas o la mentalidad tradicional; más bien, la modernización económica y la nueva tecnología se han desarrollado sobre una sociedad en la que persisten estructuras sociales de carácter feudal y hábitos políticos de carácter autocrático. Hasta hay algunos miembros de las clases dirigentes que tienen un tipo de mentalidad que no ha evolucionado desde el siglo XVIII. Las incongruencias de esta situación contribuyen a agravar las tensiones y los problemas sociales y políticos.

El avance tecnológico y el progreso económico no han producido los resultados esperados. Éstos, en la América Latina, han sido contradictorios. Es cierto que el desarrollo ha promovido el crecimiento de una clase media urbana. Pero este resultado positivo ha ocurrido en forma muy limitada en comparación con el número de habitantes que en cada país podrían ser miembros de la clase media. Si no lo son, es por falta de alimentación, educación y trabajo.

Por medio de aeropuertos, carreteras,° teléfonos y estaciones *highways*
de radio y televisión se ha roto el aislamiento tradicional entre el campo y la ciudad. Pero el contacto que ahora es posible no ha favorecido el desarrollo rural sino el crecimiento urbano. Miles de campesinos emigran diariamente a las ciudades. «La reforma agraria —expresa el escritor Germán Arciniegas— ni puede retener a la población rural, ni soluciona el problema para un exceso de gentes que, o sin tierra o sin trabajo, van a la aventura que les ofrece por primera vez la carretera por donde rueda° el camión de *moves, rolls*

Las instituciones según un pintor

Este cuadro°, del genial pintor colombiano Fernando Botero, tiene un nombre muy apropiado. Se llama *La familia presidencial*. Su valor es a la vez artístico y documental. El cuadro bien podría ser° una fotografía de la vida real, pues es un espléndido retrato° de las instituciones que tradicionalmente han monopolizado el poder político, económico y social en la América Latina en general. El presidente y su familia representan a la oligarquía terrateniente; el personaje militar, a las fuerzas armada; y el personaje religioso, a la Iglesia.

   (*Collection, The Museum of Modern Art, New York. Gift of Warren D. Benedek.*)

*painting*

*bien… could well be*

*portrait*

los pobres. El que llega a la ciudad, en la ciudad se queda».*
Miles de campesinos ocupan los espacios abiertos y se establecen
en viviendas improvisadas. Los más ambiciosos se convierten en
vendedores ambulantes.°

*vendedores... street vendors*

El proceso de desarrollo no sólo se ha concentrado casi exclusivamente en las ciudades sino que, además, se ha dirigido a
ciertos grupos dentro de las ciudades: las clases medias y altas.
Por lo tanto, ha sido disparejo° y ha acentuado los contrastes
existentes. No se ha reducido el abismo° entre ricos y pobres ni la
distancia de siglos que hay entre el ambiente cosmopolita de las
ciudades capitales y el ancestral de las comunidades del interior.
Tampoco se han podido integrar las posiciones extremas de grupos ultraconservadores y ultrarradicales.

*uneven*

*gap*

*Germán Arciniegas, El continente de siete colores, (Buenos Aires: Editorial Sud-
americana, 1965), pág. 517.*

Las ciudades están lle-
nas de vendedores am-
bulantes. En la calle se
vende de todo. *(Walter
D. Hartsough)*

## La pobreza

Desde el punto de vista humano, parece que la sociedad latinoamericana ha cambiado poco. La estratificación social y económica que impuso la colonia aún está vigente° en el sentido de     *in effect*
que hoy, igual que ayer, los beneficios derivados del progreso se
concentran en un sector de población minoritario, selecto y privilegiado. Cuando durante la colonia los españoles adquirieron
encomiendas y explotaron minas, lo que los hizo ricos fue el trabajo constante de los indios y los negros. Desde entonces hasta hoy
día persiste la actitud de que quienes° trabajan, tienen que hacerlo     *de… those who*
para beneficio del patrón.° Durante este siglo, se ha rumoreado que     *boss*
un reducido número de familias privilegiadas controlan sus respectivos países: cuarenta controlan el Perú y catorce El Salvador,
por ejemplo. En ambos casos, la información es inexacta, pero
pone el dedo en la llaga.°     *pone… it drives the point home*

    Según la opinión de varios expertos, la distancia que separa a
los ricos de los pobres se está agrandando en la América Latina. Un
artículo aparecido en la revista *Visión* señala que «de los 370
millones de habitantes con que cuenta la región, existen 150 millo-
nes… que se debaten en° la desnutrición, la ignorancia, las enfer-     *se… struggle with*
medades asociadas a la pobreza extrema, el hacinamiento° y las     *crowded conditions*
precarias condiciones de vivienda».*

    Las dos terceras partes del total de la población que vive en las
condiciones señaladas reside en el campo. El tercio restante°     *remaining*
reside en la periferia de las ciudades, pero su origen también es
rural: es la gente que ha abandonado el campo atraída por las
ventajas que esperaba encontrar en la ciudad. Tanto la gente que
sigue viviendo en el campo como la que ha emigrado a las ciudades se encuentra en este estado de pobreza debido al desempleo
o subempleo.° El proceso de industrialización, aunque espectacu-     *underemployment*
lar, no ha creado la cantidad de empleos necesarios para una
fuerza laboral esencialmente no especializada.° La mayoría de las     *no… unskilled*
industrias que se han creado se caracterizan por la utilización
intensiva de capital y tecnología, pero no de mano de obra.° Esto     *mano… labor*
significa que alrededor de un 40 por ciento de la población se
encuentra al margen de la economía y la sociedad. La participación de estas personas como productores o consumidores es
insignificante o nula. Su incorporación a la sociedad y a sus
respectivos países constituye un problema de gran magnitud.

* *"Los marginados sociales"*. Visión, *México, D.F., 2 de noviembre de 1981, pág. 6.*

Según algunos críticos, es también un problema que el capitalismo ha sido incapaz de resolver. Conforme° a la distribución actual, el 20 por ciento más pobre de la población sólo recibe entre el 2 y el 4 por ciento de la renta,° mientras que el 20 por ciento más rico recibe entre el 50 y el 70 por ciento.*

*conforme… according to*

*income*

## La agitación revolucionaria

Quienes viven en la pobreza han adquirido conciencia° de su situación y están siendo incitados por dirigentes izquierdistas a tomar partido,° a rebelarse contra las estructuras de poder bajo las cuales han vivido. Hechos aceptados porque «así es la vida» hoy están causando un enfrentamiento° cada vez más serio. ¿Por qué para algunos cualquier lujo° es posible y otros ni siquiera° pueden tener las cosas más elementales? ¿Por qué algunas familias pueden vivir en mansiones espléndidas y otras tienen que conformarse con° vivir en un cuarto insalubre° y precario, construido con pedazos de cartón, lámina y tablas°? ¿Por qué hay niños que lo tienen todo, cuando otros mueren antes de los cinco años por falta de atención médica y sanitaria? Todo el mundo está de acuerdo con la opinión de que las cosas no tienen por qué ser así. El problema está en encontrar una solución que reduzca el desnivel° existente. También es indispensable evitar la creciente polarización de todos los sectores de la población y la violencia extrema entre la izquierda radical y la derecha reaccionaria. Ni el terrorismo de origen izquierdista ni la represión de origen derechista están reduciendo las tensiones, sino al contrario.

*awareness*

*tomar… to take sides*

*confrontation*
*luxury / ni… not even*

*resign themselves to*
*unhealthful*
*pedazos… pieces of cardboard, tin, and boards*

*imbalance*

En muchos países, los dirigentes que se proponen evitar el colapso total del sistema están hoy divididos en tres grupos: uno de éstos es partidario de la represión, y los otros dos, de la reforma. El primero está dispuesto a eliminar las facciones insurgentes° porque cree que es la única manera de garantizar la supervivencia del sistema. El segundo considera que la solución está en la creación de una nueva autocracia dispuesta a imponer rápida y arbitrariamente cambios tendientes° a reducir el abismo que separa a los ricos de los pobres. Y, por último, los dirigentes de partidos políticos social-demócratas o demócrata-cristianos consideran que los cambios no deben llevarse a cabo por la fuerza sino por medio de compromisos y negociaciones.

*rebellious*

*tending*

*\*José Represas, "Perspectivas de Latinoamérica", Visión, México, D.F., primero de diciembre de 1981, pág. 68.*

El Banco Interamericano de Desarrollo ha estimado que en la presente década habrá un aumento del 35 por ciento en la fuerza laboral de América Latina. En cada país hay miles de gente como el hombre de esta foto: su trabajo paga poco y no pueden mantener a la familia en mejores condiciones. (© *Peter Menzel*)

A los tres grupos anteriores se opone la izquierda radical, cuya presión es muy fuerte en países donde las instituciones y las estructuras tradicionales no se han transformado o se están transfor-

Estas personas hispanas disfrutan del alto nivel de vida de las clases media y alta.
(© *1980 Peter Menzel*)

mando muy lentamente. Este grupo no desea llegar a un acuerdo° con nadie sino destruir totalmente el sistema; aspira a ocupar el poder para luego crear un orden nuevo al estilo de Cuba. Éste es el objetivo de los movimientos guerrilleros que operan o han operado en Colombia, Perú, Brasil, Uruguay, Argentina, Nicaragua, El Salvador y Guatemala. Los guerrilleros se han constituido en frentes que ellos mismos llaman de «liberación nacional». Declaran que su misión es «luchar con las armas en la mano, hasta conquistar el poder para el pueblo». Prometen erradicar para siempre las diferencias que dividen a la población por medio de una revolución socialista absoluta; prometen libertad, progreso y la satisfacción de las aspiraciones populares, pero, en realidad, terminan imponiendo una tiranía marxista.

En la América Latina han aparecido, como expresa el sociólogo Virgilio Rafael Beltrán, «efervescentes cuestiones políticas cuyo foco° principal es la necesidad de participación de las masas en los mecanismos políticos, la modernización de tales sistemas y la creación de estructuras de poder acordes° con la movilización popular y la democracia de masas. La búsqueda de fórmulas y modelos políticos para producir, acompañar o enfrentar el cambio

*llegar… to reach an agreement*

*focus*

*attuned, agreeing*

Después de haber ocupado una comunidad rural, un grupo de guerrilleros toma las armas encontradas en un edificio del gobierno. Los enfrentamientos entre fuerzas guerrilleras y militares están causando la polarización de la política. (© *Susan Meiselas / Magnum Photos*)

presenta un amplio abanico° de tonalidades locales que oscila entre la izquierda chinoísta° y castrista,° y el más cerrado conservadurismo reaccionario y tradicionalista».*

*array (literally, a fan)*
*Chinese-style / Castro-style*

## Vocabulario

Complete las oraciones con la expresión que le parezca más adecuada de la lista de la derecha.

1. Las ciudades se han desarrollado mucho más que el campo; el desarrollo ha sido _____.

2. La desigualdad social y económica no se ha reducido; se ha _____.

roto

vigente

repercutido

*Virgilio Rafael Beltrán, «Estrategia, armas y cambio social en América Latina». El papel político y social de las fuerzas armadas en América Latina, Virgilio Rafael Beltrán, editor (Caracas: Monte Ávila Editores, 1970), pág. 32.

3. Muchos están impacientes porque las estructuras no se modernizan con rapidez, sino al contrario, _____.

4. La gente más pobre está al margen de la economía: su participación como productora o consumidora es _____.

5. El nivel de desempleo causado por _____ oportunidades de trabajo es muy alto.

6. Las industrias no pueden crear tantos empleos como se necesitan; _____ hacerlo.

7. Los partidarios de una revolución radical están luchando por _____ las clases sociales; quieren que éstas desaparezcan.

8. Los agitadores marxistas no aceptan que unos sean ricos y otros pobres; _____ esta idea.

9. A los pobres les parece mal vivir así; ahora ya no _____ su situación.

10. Todo el mundo desea una sociedad más justa y uniforme, pero no todos están de acuerdo con la forma de _____ ese objectivo.

11. Los elementos ultraconservadores no desean ninguna clase de reformas; _____ impedir cambios en el orden establecido.

12. La opinión de muchos es que la violencia política no se puede evitar, pero este _____ es demasiado pesimista.

perpetuado

disparejo

resultado

lentamente

satisfactoria

nula

rechazan

punto de vista

se quedan con

son incapaces de

la falta de

están conformes con

alcanzar

están dispuestos a

garantizar

erradicar

## Preguntas y opiniones

1. ¿Por qué cree Ribeiro que los países latinoamericanos están entrando un período de gran agitación?

2. ¿En qué aspectos se ha hecho dinámica la América Latina? ¿En qué aspectos permanece estática?

3. ¿Por qué emigran a las ciudades miles de campesinos? ¿Cómo se establecen allí?

4. ¿En qué forma ha sido disparejo el desarrollo económico de la América Latina? ¿Qué ha causado este desnivel?

5. ¿Qué tienen en común la sociedad hispanoamericana colonial y la de hoy?

6. ¿Por qué hay tanta gente pobre en la América Latina? ¿Cuál es la proporción de gente pobre en los Estados Unidos? ¿A qué se debe que haya menos gente pobres aquí que en los países del llamado Tercer Mundo?

7. Si usted fuera gobernante de un país latinoamericano, ¿qué haría para hacer más uniforme la distribución de la riqueza?

8. ¿Está dando resultados positivos la violencia política en los países hispanos?

9. Frecuentemente se dice que la solución está en la moderación, pero la posición moderada es la más vulnerable. ¿Por qué sí o por qué no?

10. ¿Qué es la izquierda radical?

11. ¿Por qué cree usted que las clases dirigentes de algunos países no quieren darle al pueblo la oportunidad de participar en la política?

## Actividad

En la América Latina las universidades estatales tienen fama de ser centros de agitación política. De allí salen dirigentes radicales y guerrilleros. Tal, por ejemplo, fue el caso de Fidel Castro. Comenzó a ser un activista político cuando era estudiante de derecho en la Universidad de La Habana. ¿Por qué cree usted que los jóvenes idealistas ven en el marxismo la posibilidad de crear una sociedad más justa?

# 11

# La literatura y la realidad

El hacer literatura es una forma muy personal de reaccionar ante la realidad. Los escritores latinoamericanos la han atacado o defendido, la han admirado o han huido° de ella, la han analizado e interpretado y la han reproducido en forma fiel o fantástica. Los sucesos° históricos, la manera de vivir y el impresionante paisaje han servido para escribir novelas, cuentos, poemas, artículos, ensayos y, en una escala mucho menor, obras de teatro. De todo esto, lo más conocido internacionalmente son las novelas, ya que muchas se han traducido a otras lenguas. En los Estados Unidos, Francia, Alemania y otros países, lectores que no saben una sola palabra de español han descubierto a la América Latina leyendo novelas de autores contemporáneos como Mario Vargas Llosa, Carlos Fuentes, Julio Cortázar y Gabriel García Márquez.

*fled*

*events*

## La literatura del pasado

Antes de la llegada de los españoles y portugueses, el Nuevo Mundo contaba con una literatura oral. De ésta existen algunos

Gabriel García Márquez es uno de cuatro escritores latinoamericanos que han ganado el Premio Nóbel. El éxito internacional alcanzado por sus novelas y cuentos no tiene precedentes en la historia literaria de la América Latina. (*UPI photo*)

ejemplos, gracias a los esfuerzos de algunos misioneros que les enseñaron el alfabeto latino a los indios para que escribieran esas tradiciones, las cuales luego fueron traducidas al español. De las obras precolombinas, la más famosa es posiblemente el *Popol Vuh*, que relata algunas de las creencias cosmogónicas, legendarias e históricas del pueblo maya-quiché. También existen poesías en náhuatl, la lengua de los aztecas, y en quechua, la lengua de los incas. En ambos casos, muchos de los poemas son canciones épicas o líricas.

Después de la conquista hubo escritores indios y mestizos que escribieron en su lengua materna o en español acerca de temas relacionados con su cultura indígena. El más famoso de estos escritores fue el mestizo Garcilaso de la Vega (1539–1616), «el Inca», quien fue criado° por su madre india en el Perú y más tarde pasó toda su vida adulta en España. Sus *Comentarios reales* cuentan la historia del Imperio de los Incas. Menos conocido es el drama escrito en quechua *La tragedia de la muerte de Atawallpa*. Esta obra relata poéticamente la destrucción y desesperación causadas por la conquista española.

*brought up*

Entre los españoles hubo varios que se dedicaron a escribir sobre las expediciones y conquistas en las que tomaron parte. Así surgió una literatura de carácter documental que es extensa. En estas obras, conocidas como *crónicas*, soldados y aventureros narran los sucesos que están viviendo, lo que sienten y piensan y lo que ven y se imaginan. Una de las crónicas más famosas es la *Historia verdadera de la conquista de la Nueva España*. Fue escrita por Bernal Díaz del Castillo (1495–1584), un simple soldado de la expedición de Hernán Cortés. Bernal Díaz relata la conquista de México y, como dice el crítico Arturo Torres-Ríoseco, «lo cuenta todo, con ese encanto° de quien puede decir:—Yo estuve allí».*

*charms*

La figura literaria más notable de la época colonial fue una mujer, la monja° mexicana Sor Juana Inés de la Cruz (1658–1695). En una época en la cual la sociedad dejaba a la mujer solamente dos posibilidades—la de tener una familia numerosa o la de entrar en un convento—Sor Juana se destacó como una mujer inquieta y rebelde, que no habría encontrado satisfacción en ninguno de esos dos papeles. Sor Juana defendió los derechos de la mujer demostrando que ser intelectual no era una cualidad exclusivamente masculina. Su *Respuesta a Sor Filotea de la Cruz* es una extensa carta autobiográfica en la que defiende su vocación por el estudio y las letras.

*nun*

En el siglo pasado, gran parte de la literatura de las reciéntemente independizadas naciones hispanoamericanas se inspiró tanto en las costumbres populares como en los problemas de consolidación política. Para el crítico mexicano José Luis Martínez, la mejor literatura de entonces no es la de los poetas y novelistas sino la de los pensadores. «Se encuentra—escribe Martínez—en las meditaciones sociológicas sobre los males de nuestras sociedades, en los alegatos° en favor de las causas cívicas, en las reflexiones históricas, en los escritos polémicos° y de combate».† Algunos de los pensadores de entonces también fueron notables como hom-

*discussions*<br>*polemic, causing*<br>*controversy*

---

† *José Luis Martínez, "Unidad y diversidad", en* América Latina en su literatura, *César Fernández Moreno, editor, (México, D.F.: Siglo XXI Editores; Paris: Unesco, 1972), pág. 78.*
*\*Arturo Torres-Ríoseco,* Historia de la literatura iberoamericana *(Nueva York: Las Americas Publishing Co. 1965), pág. 11.*

## Los americanismos

Los indios de hoy todavía se comunican en su lengua materna. Han apredido el español como una segunda lengua. Y las personas de habla hispana y de habla inglesa usan palabras que provienen de lenguas indígenas. Estas palabras se llaman "americanismos" o "indigenismos". Su incorporación al español y luego al inglés, se hizo necesaria cuando los europeos tuvieron que referirse a cosas que eran desconocidas en el Viejo Mundo. Es lógico, pues, que muchas de estas palabras sean nombres de productos, plantas y animales.

Del náhuatl, la lengua de los aztecas, provienen, entre otras, éstas: *chocolate, aguacate («avocado»), tamal («tamale»), tomate* y *coyote.*

De las lenguas habladas en las Antillas, como el taíno y el arahuaco, provienen, por ejemplo: *canoa («canoe»), huracán, barbacoa («barbeque»), papaya* e *iguana.*

De las lenguas habladas en la América del Sur, como el quechua y el guaraní, se derivan estos ejemplos: *llama, cóndor, jaguar, tapioca* y *papa («potato»).*

(*Walter D. Hartsough*)

bres de acción; por ejemplo el Libertador Simón Bolívar (1783–1830), el ilustre estadista° argentino Domingo Faustino Sarmiento (1811–1888) y el héroe de la independencia de Cuba José Martí

*statesman*

Aquí se ve a Sor Juana en su biblioteca. Tenía más de cuatro mil volúmenes. (*OAS*)

(1853–1895). Los tres lucharon vigorosamente en favor de la libertad y escribieron extensamente sobre las realidades políticas de entonces.

En las últimas décadas del siglo, hacia 1875, surgió el Modernismo, un movimiento literario de gran transcendencia,° ya que marcó la independencia literaria de Hispanoamérica. Su influencia se impuso aun en España. El Modernismo realizó una revolución en el lenguaje y en la sensibilidad, creando nuevas formas de expresión literaria y abandonando, con muy pocas excepciones, los temas americanos y españoles. La máxima figura modernista fue Rubén Darío (1867–1916). Con sus innovaciones métricas, le dio nueva vida a la poesía. Según la opinión de varios críticos, sigue siendo el mejor poeta de la lengua española por la perfección rítmica y melódica de sus versos. Casi toda la obra de Darío, como la de otros modernistas, constituye una huída de la sórdida realidad diaria hacia un refugio ultraelegante y ultrarrefinado. Darío compuso versos muy armoniosos que sugieren imágenes exquisitas y delicadas; un mundo encantado° que contiene, como él mismo dijo, «princesas, reyes, cosas imperiales, visiones de países lejanos o imposibles»*: 

°*importance*

°*enchanted*

> La princesa está triste... ¿Qué tendrá° la princesa?
> Los suspiros° se escapan de su boca de fresa°
> que ha perdido la risa, que ha perdido el color.
> La princesa está pálida en su silla de oro,
> está mudo el teclado de su clave sonoro,°
> y en un vaso olvidada se desmaya° una flor. ( ... )
>     ¡Ay! la pobre princesa de la boca de rosa
> quiere ser golondrina,° quiere ser mariposa,°
> tener alas° ligeras, bajo el cielo volar,
> ir al sol por la escala° luminosa de un rayo,
> saludar a los lirios° con los versos de Mayo,
> o perderse en el viento sobre el trueno° del mar. ( .... )†

*¿Qué... What is the matter with / sighs / de... rosy*

*está... i.e., she is silent*
*se... is wilting*

*swallow / butterfly*
*wings*
*stairway*
*lilies*
*thunder*

## La literatura del siglo XX

En nuestro siglo, la América Latina no ha dejado de dar poetas admirables, como el cubano Nicolás Guillén (1902–) y el peruano

---

*Rubén Darío, "Palabras liminares" a Prosas profanas y otros poemas en Poesías completas, Alfonso Méndez Plancarte, editor (Madrid: Águilar, 1961), pág. 612.*

†*Ruben Darío, "Sonatina" de Prosas profanas y otros poemas en Poesías completas, Alfonso Méndez Plancarte, editor (Madrid: Águilar, 1961), pág. 623.*

César Vallejo (1892–1938). Dos chilenos han sido ganadores del premio Nóbel: la poetisa Gabriela Mistral (1889–1957) en 1945 y el poeta Pablo Neruda (1904–1973) en 1971. Sin embargo, los géneros más importantes de las últimas décadas han sido la novela y el cuento. Desde principios de siglo, la realidad de América Latina ha servido para crear una gran variedad de obras en prosa.

Muchas de las novelas publicadas en la primera mitad del siglo dramatizan los sufrimientos de seres humanos desesperados, víctimas de fuerzas naturales, pasiones salvajes y ambiciones personales. Casi todos los novelistas de entonces escribieron obras relacionadas con el campo y su gente. En éstas, la importancia de los personajes° es secundaria. Lo que interesa a los escritores es expresar un punto de vista, dar una opinión o hacer una denuncia.° Sus novelas son obras regionalistas que reflejan la realidad del país donde se originan. La realidad presentada en estas obras sirve para que los lectores conozcan el país y se den cuenta de la violencia e injusticia en que viven gran número de hombres y mujeres. La violencia puede ser de carácter político, como en las novelas inspiradas por la Revolución Mexicana de 1910; en otros casos, el contacto con la naturaleza dominante convierte a los seres humanos en bestias salvajes. Así pasa en *La vorágine*° de José Eustasio Rivera (1889–1928), publicada en 1924, y en *Doña Bárbara* de Rómulo Gallegos (1884–1969), publicada en 1929. La primera de estas dos novelas se desarrolla en la selva amazónica de Colombia y la segunda, en las praderas° tropicales de Venezuela.

Hay también varias novelas que denuncian la explotación de los indios y los campesinos. A estas novelas se les llama «indigenistas». La primera de ellas fue escrita por una mujer durante la época en que sus colegas de sexo masculino se dedicaban al preciosismo modernista. La novela *Aves sin nido*° de la peruana Clorinda Matto de Turner (1854–1909), publicada en 1889, causó sensación entonces como una obra de protesta social que denunciaba los abusos que los blancos cometían contra los indios. Las novelas de tema indigenista fueron muy populares durante la primera mitad del presente siglo. Posiblemente la más famosa es *El mundo es ancho y ajeno*° (1941), escrita por otro novelista peruano, Ciro Alegría (1909–1967). En esta obra Alegría describe cómo la ambición de un hacendado blanco destruye una comunidad de campesinos indígenas.

Muchas novelas fueron escritas no como un fin, sino como un medio que ha servido para enseñar, denunciar o informar. En gran parte, las novelas anteriores a 1950 son documentales y contienen personajes esquemáticos,° reducidos a representar sólo una causa. Pero las novelas de esta segunda mitad de nuestro siglo ya no son

*characters*
*accusation*

*vortex, whirlpool*

*meadowlands*

*Aves... Birds without a Nest*

*alien, belonging to someone else*

*skeletal*

así. Los novelistas actuales han abandonado las tradiciones que hacían que las novelas fueran documentos. La creación literaria ya no es un medio, sino un fin. Y este cambio ha causado, en parte, el fenómeno que se conoce como el *boom* de la literatura latino-americana.

Para los novelistas de hoy, la creación de sus obras constituye una actividad esencialmente artística. Sin embargo, esto no quiere decir que le den la espalda a° la realidad, como lo hicieron los modernistas. Los novelistas actuales, como los de la primera mitad del siglo, se inspiran en la realidad de América Latina pero, en vez de denunciarla, la utilizan para explorar la naturaleza humana. Los temas telúricos° e indigenistas no han desaparecido, pero han pasado a formar parte de una preocupación que trasciende los límites regionalistas, porque se refiere a la condición humana en general.

Los novelistas contemporáneos de América Latina se han hecho

le... *they turn their backs on*

*terrestrial*

El novelista peruano Mario Vargas Llosa habla a menudo sobre la realidad y la creación literaria: «Todo libro es producto de ciertas experiencias personales, que son el mecanismo que pone en acción el proceso creativo. Puede ser que haya escritores en quienes la creación sea de principio a fin un acto de imaginación, pero ése no es mi caso. En todos los cuentos y novelas que he escrito ocurren ciertas cosas porque me han ocurrido a mí en un momento dado.» (*Wide World Photos*)

famosos en el mundo entero no sólo por su sensibilidad, sino también por su maestría° técnica. Componen novelas manipulando el tiempo y el espacio en forma asombrosa y manejan° recursos estilísticos con una naturalidad maravillosa. Tal es el caso de escritores como el mexicano Juan Rulfo (1918—), autor de *Pedro Páramo*, publicada en 1955; el argentino Jorge Luis Borges (1899—), autor de muchos cuentos prodigiosos; el colombiano Gabriel García Márquez (1928—), autor de *Cien años de soledad*, publicada en 1967, y muchos otros. *Cien años de soledad* es la historia de la familia Buendía, que vive en un pequeño pueblo colombiano llamado Macondo. Como los Buendía son una familia excéntrica y Macondo es un pueblo legendario, la novela revela un mundo encantado donde todo es posbile, aun hechos fantásticos, como la ascensión al cielo° de Remedios mientras está tendiendo ropa.° Los Buendía son, al mismo tiempo, seres sobrenaturales y seres humanos, víctimas de la violencia política, la explotación económica, la soledad y la mortalidad del hombre.

*expertise*
*handle*

*heaven*
tendiendo... *hanging out the laundry*

## Vocabulario

Sustituya lo que está en *letra itálica* con la expresión sinónima incluída en el grupo de palabras después de cada oración.

1. En las crónicas los soldados *narran* sus experiencias como miembros de las fuerzas conquistadoras.
   [defienden / relatan / denuncian / revelan]

2. *Los sucesos* del pasado sirven de inspiración a los escritores de hoy.
   [los éxitos / las obras / los hechos / las creencias]

3. *Las crónicas* de la conquista son interesantes, pero no atraen al lector moderno.
   [los dramas / las novelas / los cuentos / las historias]

4. Sor Juana Inés de la Cruz fue una *monja* que no estaba de acuerdo con la idea de pasarse la vida rezando y nada más.
   [feminista / intelectual / religiosa / luchadora]

5. Simón Bolívar *se destacó* como militar y como pensador.
   [combatió / sobresalió / se rebeló / triunfó]

6. Por lo general, los modernistas no se dedicaron a escribir sobre temas *polémicos*.
   [documentales / realistas / controversiales / prácticos]

7. El propósito de los novelistas de hoy no es hacer una reproducción *fiel* de la realidad.
   [exacta / detallada / completa / forzada]

8. Tanto los países grandes como los pequeños tienen escritores *notables*.
   [interesantes / importantes / admirables / prolíficos]

9. En la historia literaria de la América española el Modernismo fue un período que tuvo *tanta trascendencia* como el "boom" novelístico de hoy.
   [tanto prestigio / tanta importancia / tanta popularidad / tantos aspectos fuera de la realidad]

10. El Japón fue uno de los países *lejanos* que interesó a los modernistas.
    [exóticos / legendarios / encantados / distantes]

## Preguntas y opiniones

1. ¿Cuándo comenzó a escribirse la literatura de los pueblos precolombinos?

2. ¿Qué obra se refiere al origen del pueblo maya-quiché?

3. ¿Qué lengua hablaban los aztecas? ¿y los incas?

4. ¿Quién fue el escritor mestizo del siglo XVI que escribió una historia del Imperio de los Incas?

5. ¿Quién fue Bernal Díaz del Castillo? ¿Qué escribió?

6. ¿Puede explicar con sus propias palabras en qué se parecen y en qué se diferencian los cronistas que escribieron crónicas y los corresponsales modernos que escriben para los periódicos?

7. ¿Sería justo decir que Sor Juana Inés de la Cruz fue la primera feminista del Nuevo Mundo? ¿Por qué sí o por qué no?

8. Si tuviera que leer una obra latinoamericana del siglo XIX, ¿qué preferiría: algo escrito por un novelista o por un pensador? ¿Por qué?

9. ¿Por qué fue revolucionario el Modernismo?

10. ¿Quién fue Rubén Darío?

11. ¿Puede explicar por qué la poesía modernista no refleja el mundo en que vivían los poetas?

12. ¿Por qué casi todas las novelas escritas antes de 1950 tienen personajes esquemáticos?

13. ¿De qué trata *El mundo es ancho y ajeno*? ¿Para quiénes es ajeno el mundo: para los hacendados o para los indios?

14. ¿Está usted de acuerdo con llamar a las novelas indigenistas obras de protesta social? ¿Por qué sí o por qué no?

15. ¿Por qué no son regionalistas las novelas de hoy?

## Actividad

Lea una de las siguientes novelas contemporáneas, individualmente o en grupo, y luego presente al resto de la clase un informe sobre la misma, destacando en particular algún aspecto de Latinoamérica presentado en dicha obra. (Estas novelas pueden ser leídas en inglés, ya que han sido traducidas.)

| Título | Autor | Nacionalidad |
|---|---|---|
| *La ciudad y los perros* | Mario Vargas Llosa | peruano |
| *Cien años de soledad* | Gabriel García Márquez | colombiano |
| *Rayuela* | Julio Cortázar | argentino |
| *Pedro Páramo* | Juan Rulfo | mexicano |
| *Mulata de tal* | Miguel Ángel Asturias | guatemalteco |
| *El reino de este mundo* | Alejo Carpentier | cubano |
| *Doña Flor y sus dos maridos* | Jorge Amado | brasileño |
| *Sobre héroes y tumbas* | Ernesto Sábato | argentino |
| *Coronación* | José Donoso | chileno |
| *La región más transparente* | Carlos Fuentes | mexicano |

# IV

# MÉXICO, CENTROAMÉRICA Y EL CARIBE

# ❦ 12 ❧

---

# México

---

## Datos generales

*Área:* 761.605 millas² (1.972.547 km²) comparable a la cuarta parte del territorio continental de los Estados Unidos

*Capital:* México, D.F., situada en el interior, a una altitud de 7.575 pies (2.309 m)

*Población:* 75.010.000 (estimada en 1982)
  *Crecimiento anual:* 3.5 por ciento
  *Grupo étnico predominante:* mestizo
  *Población capitalina (área metropolitana):* 15.266.791; 20 por ciento del total

*Analfabetismo:* 20 por ciento

*Esperanza de vida:* 64 años

*Principales productos de exportación:* algodón, petróleo, artesanías

*Principales compradores:* Estados Unidos, Japón

*Algunas figuras prominentes:* el último emperador azteca

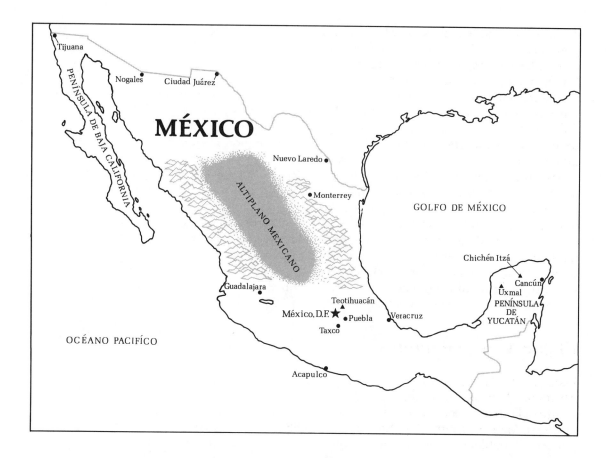

Cuauhtémoc (¿1495?–1525); el conquistador Hernán
Cortés (1485–1547); la poetisa Sor Juana Inés de la Cruz
(1651–1695); los héroes de la independencia Miguel
Hidalgo (1753–1811) y José Morelos (1765–1815); el
presidente Benito Juárez (1806–1872); los pintores
Diego Rivera (1886–1957) y Rufino Tamayo (1899–); los
escritores Octavio Paz (1914–) y Carlos Fuentes (1929–)

    Debido a su proximidad geográfica y al vigor de su industria
turística, México es el país latinoamericano más conocido por la
gente de los Estados Unidos. Los anuncios que nos invitan a visitar
México aparecen muy a menudo en las revistas y los periódicos
más importantes. *The nearby faraway land*, dicen los anuncios; porque México está cerca, pero es diferente. Y esa diferencia—mezcla
de lo indio y lo español, de lo antiguo° y lo moderno—atrae a más    *ancient*

de un millón de personas anualmente. Entre las atracciones más populares están las playas de Acapulco y Cancún, las ciudades coloniales de Taxco y Guanajuato, las ruinas mayas de Uxmal y Chichén Itzá, y hasta las ciudades fronterizas que los anuncios nunca mencionan, como Tijuana, Nogales, Ciudad Juárez y Nuevo Laredo. En éstas se divierten los fines de semana cientos de estudiantes de Texas, Nuevo México, Arizona y California. Pero no todos los extranjeros que visitan México lo hacen por placer. Muchos van por estudios, negocios o trabajo.

Hay mexicanos que dicen que «como México no hay dos». Lo dicen con cierto orgullo nacionalista, y hasta cierto punto tienen razón. México es un país único, particularmente por la forma en que ha superado° las tensiones que existen en otros países de Latinoamérica donde las estructuras heredadas de la colonia todavía no se han modernizado, o se están modernizando muy lentamente. Dentro de su desarrollo como país independiente, México se ha transformado profundamente, y es hoy un estado moderno con aspiraciones a llegar a ser una potencia mundial.

*ha... it has overcome*

## El país y sus habitantes

Físicamente, México se divide en varias regiones; la principal es el Altiplano Mexicano, una región de tierras altas que ocupa el 40 por ciento del territorio nacional y que se extiende de norte a sur, entre la Sierra Madre Oriental y la Sierra Madre Occidental. La mayor parte de la población vive en el Altiplano y se concentra en el área donde está la capital, mientras que dos de las regiones menos pobladas son las penínsulas de Baja California, en el oeste, y de Yucatán, en el este.

A pesar de que México es un país bastante montañoso y árido, la agricultura es uno de los sectores económicos que más impulsa el gobierno, con el objeto de combatir la pobreza rural que existe en muchas áreas donde persiste una agricultura de subsistencia de muy baja productividad. Los cultivos más generalizados son el frijol y el maíz, los dos alimentos básicos del mexicano. La agricultura de carácter comercial incluye el cultivo de muchos otros productos, tanto así que el 60 por ciento de los tomates y el 80 por ciento de los pepinos° que se consumen en los Estados Unidos durante el invierno son de origen mexicano. Son cultivados en el noroeste del país en tierras que han dejado de ser áridas gracias al funcionamiento de extensos sistemas de irrigación.

*cucumbers*

Desde tiempos coloniales, México ha tenido fama de ser un país minero. Fue, y sigue siendo, uno de los principales producto-

Una de las muchas di-
versiones que ofrece
Chapultepec, el gran
parque de la ciudad de
México. (© *1980 Peter
Menzel*)

res de plata en el mundo. También produce zinc, plomo° y cobre,°          *lead / copper*
y tiene, además, grandes reservas de petróleo y gas natural. El
petróleo ya era conocido en tiempos precolombinos, cuando aflo-
raba° mezclado con otros materiales. El misionero e historiador          *it cropped out*
del siglo XVI Bernardino de Sahagún cuenta en su *Historia gene-
ral de las cosas de Nueva España* que el petróleo se obtenía en las
regiones de la costa y que se vendía en los mercados, pues tenía
varios usos, uno de los cuales era medicinal. Las regiones a las
que se refiere Sahagún hoy son áreas donde la industria del
petróleo está muy desarrollada, especialmente en la plataforma

continental del Golfo de México y en los estados que lo bordean. Esta industria fue nacionalizada en 1938 y es operada por Pemex (Petróleos Mexicanos), una compañía que en su totalidad pertenece al gobierno. Es muy posible que en el futuro México llegue a ser el país petrolero más importante del mundo, gracias a las nuevas e inmensas reservas que fueron descubiertas a fines de la década de los años 70° y principios de los ochenta.

*década... the 1970s*

México es el país de habla española más poblado del mundo. Su población es predominantemente mestiza y muy joven; el 70 por ciento tiene menos de treinta años. En 1950, la población era de sólo 25 millones, cantidad que se triplicó° en treinta años. Se estima que será de 100 millones en el año 2000. Para poder acomodar a esta población que está creciendo tanto, México debe crear anualmente 700.000 empleos nuevos.

*se... tripled*

La ciudad de México, si no lo es ya, pronto será la ciudad más grande del mundo. En México es común decir «el D.F.» para referirse a ella. Así se evita la confusión creada por el hecho de que el país y su capital tienen el mismo nombre. Las iniciales significan Distrito Federal. México, D.F., es la sede° del gobierno federal mexicano, de la misma manera que Washington, D.C., es la sede del gobierno federal de los Estados Unidos. A pesar de su gigantesco crecimiento, la capital de México se identifica profundamente con su pasado indígena y colonial. La historia de la nación se expone° públicamente: en los museos, las estaciones del metro, los monumentos conmemorativos y, sobre todo, en los renombrados murales que adornan muchos edificios públicos. En estas obras aparecen representados los episodios de la historia nacional como una serie de luchas en favor del pueblo. En sus gigantescas escenas, los murales nos muestran a un pueblo que, bajo la dirección de sus líderes, se ha sacrificado por defender sus intereses y derechos.

*seat*

*se... is expressed*

## De la colonia a la revolución

Durante el período colonial México llegó a ser una colonia muy próspera. El capital que generó la minería favoreció el desarrollo de otras actividades, tales como el crecimiento y embellecimiento° de las ciudades o el establecimiento de industrias para fabricar artículos de consumo: desde velas y jabones hasta muebles y carruajes,° por ejemplo. Durante tres siglos la vida transcurrió sin que se registraran hechos de violencia suficientemente serios como para alterar el orden establecido por España.

*embellishing, beautifying*

*carriages*

La lucha abierta contra el sistema económico y político creado por la Madre Patria° no comenzó sino hasta el 16 de septiembre de 1810, fecha que los mexicanos conmemoran como el Día de la Independencia. Ese día estalló la lucha por ésta con una insurrección que se inició en una iglesia del pueblo de Dolores, en la región minera al norte de la ciudad de México. El dirigente de la insurrección no era un criollo aristocrático sino un párroco° llamado Miguel Hidalgo y Costilla, hombre de origen humilde e ideas revolucionarias. Hidalgo conocía a fondo° el pensamiento político de los filósofos franceses como Rousseau y consideraba que la misión de la Iglesia era luchar a favor de los pobres, es decir, de gente como los indios y mestizos a quienes él servía. Hidalgo y otros insurgentes fueron capturados por los españoles al año siguiente y condenados a muerte. Pero esta pérdida no significó el fin del movimiento, que continuó bajo el mando de otros líderes.

Finalmente México obtuvo su libertad política en 1821 tras un

Madre... *mother country (Spain)*

*parish priest*

a... *thoroughly*

En este famoso mural de Juan O'Gorman, el padre Hidalgo proclama la independencia de México. (*Museo Nacional de Historia / OAS*)

acuerdo entre la facción insurgente y la clase dominante.° Enton-   *ruling*
ces un México independiente, pero inexperto,° comenzó su propia   *inexperienced*
vida política sin saber cómo gobernarse. Al año siguiente de la
independencia se convirtió en un imperio cuya duración fue de
sólo once meses. Luego, en 1824, se proclamó la república, pero
este acontecimiento tampoco puso fin al caos político. De hecho,°   De... *In fact*
México pasó gran parte del siglo XIX en guerra, tanto a causa de
divisiones internas como de conflictos internacionales.

La anexión de Texas por parte de los Estados Unidos en 1845
provocó la guerra contra este país y su resultado fue desastroso.
En 1848, México perdió la mitad de su territorio: no sólo Texas,
sino también los actuales estados de California, Nevada, Utah,
Arizona, Nuevo México y parte de Colorado. Luego, entre 1858 y
1860, tuvo lugar una guerra civil en la que los liberales derrotaron a los conservadores y en el curso de la cual proclamaron las
llamadas «leyes de Reforma» destinadas a suprimir° el poder de   *suppress*
la Iglesia sobre el Estado. En 1862, México se vio envuelto° en   *involved, embroiled*
otro conflicto internacional, esta vez defendiéndose de la intervención francesa, provocada porque México había suprimido° los   *discontinued*
pagos de su deuda externa.° La intervención estaba apoyada por   deuda... *foreign debt*
el ambicioso Napoleón III y los conservadores derrotados. Su
objetivo era establecer en México una monarquía. Las fuerzas
francesas fueron derrotadas inicialmente en Puebla el 5 de mayo
de 1862, fecha que hoy los mexicanos celebran con gran entusiasmo, tanto dentro como fuera del país. Dicha derrota, sin
embargo, no fue definitiva. De Francia llegaron refuerzos° que   *reinforcements*
hicieron posible el avance francés hasta llegar a la ciudad de
México en junio de 1863. Los franceses fueron vencidos finalmente en 1867, y el héroe de esa lucha fue el patriota Benito
Juárez, que entonces era presidente de México. Juárez, un humilde indio de Oaxaca, había llegado a ser el máximo dirigente
del movimiento liberal desde el comienzo de la guerra civil contra los conservadores en 1858.

En los últimos veinticinco años del siglo XIX, México por fin
dejó de ser un país turbulento. A fines de 1876, el general Porfirio
Díaz asumió el control del país y su régimen se mantuvo en el
poder hasta 1911. Durante este período México disfrutó de° algo   disfrutó... *enjoyed*
que todavía no había conocido como país independiente: paz,
orden y progreso económico. Díaz gobernó con éxito bajo su fór-
mula de «pan o palo°»: pan para sus partidarios y palo para sus   *stick, club*
opositores. El progreso económico fue notable pero sólo favoreció
a una pequeña minoría. Bajo el gobierno de Díaz (o el «Porfiria-
to», como se le llama), las compañías extranjeras y unos cuantos°   unos... *a few*
hacendados se hicieron dueños del país. Tanto fue así que hacia

fines de 1910, el 90 por ciento de las familias campesinas carecían de tierra.°

carecían... *had no land*

## El México moderno

El México actual es un logro de la Revolución Mexicana, el proceso social, político y económico que ha transformado a México desde 1920. Esta revolución comenzó como un movimiento contra el Porfiriato y pronto se convirtió en otra guerra civil. Entre 1910 y 1920, el país experimentó° uno de sus períodos más sangrientos.

*experienced*

    El movimiento popular que inició la revolución comenzó en noviembre de 1910 como una revuelta contra el régimen de Díaz, que aspiraba a perpetuarse en el poder. Este movimiento se hizo fuerte bajo el mando de Francisco Madero, un líder idealista a quien el pueblo llegó a llamar «el Inmaculado». Díaz, que había envejecido° en el poder (tenía entonces ochenta años), se vio obligado a renunciar.° Luego Madero ocupó la presidencia, pero no pudo mantenerse en el poder ni controlar a los diferentes grupos armados que comenzaron a combatir dirigidos por dos clases de líderes: unos que peleaban a favor de intereses personales y otros que peleaban a favor del bien común, exigiendo reformas económicas y sociales. La expresión «tierra y libertad» pasó a ser° el grito de batalla de las multitudes de campesinos que estaban pasando° hambre porque no tenían ni tierra ni dinero para comprar maíz y frijol. Miles de campesinos se unieron a las fuerzas de Pancho Villa (en el norte) y de Emiliano Zapata (en el sur); empezaron a destruir las haciendas y sus cultivos, y a matar a la gente que las administraba.

*grown old*
*resign*

pasó... *became*

*experiencing, suffering from*

    Lo que comenzó a aminorar° la violencia que parecía incontenible fue la promulgación, en 1917, de una nueva constitución. Este documento representó una victoria para los revolucionarios y sirvió de base para la reconstrucción del país. Fue la constitución más radical de su tiempo: estableció que el derecho a la propiedad privada era una prerrogativa del Estado y podía limitarse en beneficio° del interés público. El artículo 27 de la constitución claramente expresa que «la propiedad de las tierras y las aguas corresponde originariamente a la Nación, la cual tiene el derecho de transmitir el dominio de ellas a los particulares° para constituir la propiedad privada».

*diminish*

en... *for the benefit*

*private individuals*

    La idea de que el Estado tiene derecho a limitar la propiedad privada surgió en México antes que en Rusia, país donde la revolución no estalló sino hasta fines de 1917, cuando ya México tenía una constitución revolucionaria. Mediante la aplicación del derecho del Estado a limitar el uso de las tierras, las aguas y todos los demás recursos del país, México ha ido transformando el sistema de la tenencia° de la tierra. Hasta ahora se ha distribuido más de un 40 por ciento del territorio nacional entre los campesinos.

*ownership*

México ha llegado a ser un país no sólo poderoso en lo económico sino, además, estable en lo político. Los presidentes de México gobiernan por un período de seis años. La constitución no permite la reelección como en los Estados Unidos. Cada vez que se elige un nuevo presidente, la campaña política es intensa y los mexicanos participan activamente. Sin embargo, sólo hay un candidato efectivo, que es el candidato designado por el gobierno y postulado° por el PRI (Partido Revolucionario Institucional). Aunque hay cuatro partidos políticos, el PRI es poderosísimo, lo que hace que la oposición sea insignificante. Así es que cuando los mexicanos votan para presidente lo que hacen no es elegir a un candidato, sino dar su aprobación° a la persona previamente designada para ocupar el cargo. El PRI se ha mantenido en el poder durante varias décadas bajo un sistema político puramente mexicano que no es ni democrático ni totalitario en el sentido tradicional de ambos conceptos.

*nominated*

*approval*

Para los escritores mexicanos, la revolución ha llegado a ser un tema inagotable.° Abundan los estudios, los ensayos críticos y las novelas. Estas últimas pertenecen a un movimiento literario que se conoce como «la novela de la Revolución Mexicana». Son obras que se refieren a diferentes aspectos del proceso revolucionario, y muchas contienen una recreación dramática de la lucha armada que devastó al país entre 1910 y 1920. La obra clásica de este tipo de literatura es *Los de abajo,*° novela de Mariano Azuela publicada en 1915. «Los de abajo» son los campesinos que, dominados por líderes ambiciosos, se ven envueltos inevitablemente en un conflicto armado que no pueden comprender.

*inexhaustible*

*Los... The Underdogs*

Entre los escritores más recientes están los que ya no creen en la Revolución. Consideran que, después de más de sesenta años en el poder, ésta se ha convertido en una institución burocrática que ya no responde a las aspiraciones del pueblo. Algunos escriben críticas denunciando la incapacidad gubernamental para resolver los problemas actuales, y otros, como el novelista Carlos Fuentes, denuncian la corrupción de los ideales revolucionarios. En su novela *La muerte de Artemio Cruz,* Fuentes ataca a la nueva clase rica que ha surgido en los últimos cuarenta años. Para Fuentes, el único interés de esta gente ha sido hacerse millonaria, ambición que los ha hecho apartarse de los principios morales, los sentimientos humanos y la conciencia social. La figura típica de esa nueva clase de gente es Artemio Cruz, el protagonista de esta

Miguel de la Madrid, presidente de México, tomó parte en una intensa campaña política como candidato presidencial del PRI en 1982. Aquí se ve dando un discurso en la ciudad de Mérida, Yucatán, donde lo escuchan representantes de diferentes organizaciones. (© *Charles Harbutt / Archive Pictures, Inc.*)

novela que nos ofrece una interpretación muy personal de la socie-dad mexicana contemporánea.

## Vocabulario

A. Escoja la terminación que completa adecuadamente cada oración.

1. En una región poco poblada, _____.

   a. hay muchas ciudades y pocos pueblos

  b. no vive nadie

  c. el número de habitantes es pequeño

2. Una ciudad fronteriza es una ciudad que está _____.

  a. enfrente de otra

  b. donde termina un país y comienza otro

  c. lejos de un centro urbano

3. Carlos Fuentes es un escritor de fama mundial, o sea que _____.

  a. es muy admirado por los críticos

  b. es conocido internacionalmente

  c. puede escribir sobre cualquier asunto

4. Un alimento es _____.

  a. algo que sirve para combatir la pobreza rural

  b. algo que se puede cultivar en tierras que carecen de agua

  c. algo que se come

5. Los pepinos se comen _____.

  a. en ensaladas

  b. calientes

  c. en el invierno únicamente

6. La expresión *a fines de mes* se refiere a _____.

  a. una fecha indeterminada

  b. los últimos días del mes

  c. un mes de treinta y un días

7. Cuando se dice que una revolución *estalla*, es porque _____.

  a. ocurre inevitablemente

  b. se inicia violentamente

  c. nadie sabe qué hacer

8. Se puede decir que una constitución es _____.

  a. un documento que garantiza la paz de un país

  b. un documento que contiene la ley fundamental de un país

  c. un documento que permite la existencia de partidos políticos

B. Busque en las columnas de la derecha un sinónimo y un antónimo de cada palabra o expresión que está en la columna de la izquierda.

Modelo: hacer: fabricar, destruir

| | | |
|---|---|---|
| 1. aprobar | fabricar | opositor |
| 2. conseguir | rechazar | indestructible |
| 3. adversario | obtener | destruir |
| 4. renombrado | desconocido | interminable |
| 5. humilde | acabable | inicialmente |
| 6. inagotable | modesto | famoso |
| 7. a fondo | perder | partidario |
| | aceptar | superficialmente |
| | profundamente | arrogante |

## Preguntas y opiniones

1. ¿Por qué es muy conocido México por la gente de los Estados Unidos? ¿Conoce usted algunos de los lugares mencionados en el texto? ¿Cuáles? ¿Cómo son?

2. ¿En qué se diferencia México de otros países latinoamericanos?

3. ¿Cuál es la región mexicana más poblada? ¿Por qué cree usted que esta región atrae más gente que otras regiones?

4. ¿Por qué es famoso México como país minero?

5. ¿Desde cuando se conoce el petróleo en México?

6. ¿Qué es Pemex?

7. ¿Qué tiene que hacer México para acomodar a su creciente población? ¿Cómo cree usted que logra hacer esto?

8. ¿Cómo presentan los murales que adornan los edificios públicos la historia del país? ¿Diría usted que los murales son una forma de propaganda? ¿Por qué sí o por qué no?

9. ¿Que celebran los mexicanos el 16 de septiembre?

10. ¿Quién fue Miguel Hidalgo y Costilla?

11. ¿Por qué fueron turbulentos para México sus primeros cincuenta años de vida independiente?

12. ¿Qué estados norteamericanos formaban parte de México antes de 1848?

13. ¿Qué celebran los mexicanos el 5 de mayo?

14. ¿Quién fue Benito Juárez?

15. ¿Cómo fue el régimen de Porfirio Díaz? En su opinión, ¿fue este régimen bueno o malo para México? ¿Por qué?

16. ¿Que pasó entre 1910 y 1917?

17. Según la Constitución de 1917, ¿a quién pertenecen los recursos naturales de México?

18. ¿Cómo es el sistema político mexicano? ¿En su opinión, cuáles son las diferencias entre una campaña electoral para eligir un presidente en México y en los Estados Unidos?

19. ¿Por qué cree usted que en México no ocurren cambios inesperados de gobierno, como pasa en otros países latinoamericanos?

20. ¿Le gustaría vivir en México? ¿Por qué sí o por qué no?

## Actividad

Exponga en un cuadro (semejante al siguiente) las ventajas y desventajas que, en su opinión, México y los Estados Unidos tienen como vecinos. Luego compare lo que usted ha escrito con lo que han escrito sus compañeros.

|  | México | Estados Unidos |
|---|---|---|
| Ventajas |  |  |

| Desventajas | | |
|---|---|---|
| | | |

# 13

## Los países de Centroamérica

Quienes no viven en Centroamérica tienen una idea muy vaga de esta región, como si se encontrara en un continente exótico y lejano. Sin embargo, el tiempo de vuelo entre la ciudad de Guatemala y las ciudades norteamericanas de Houston, Nueva Orleans o Miami es de sólo dos horas y unos cuantos minutos.

Centroamérica es un puente de tierra entre la América del Norte y la América del Sur, dividido en siete pequeños países, uno de los cuales es Belice, que se independizó de Inglaterra en 1981. Los seis restantes son países hispanoamericanos: Guatemala, El Salvador, Honduras, Nicaragua, Costa Rica y Panamá. Históricamente, este último no pertenece a la región, ya que fue parte de Colombia hasta 1903.

Centroamérica es como una América Latina en miniatura. Sus países tienen un origen común, pero se diferencian en aspectos tales como la composición étnica de la población, su nivel de educación, el adelanto económico y la madurez política. La mitad de los 23 millones de habitantes que tiene la región vive en Guatemala y El Salvador. Económicamente, éstos dos son los países más

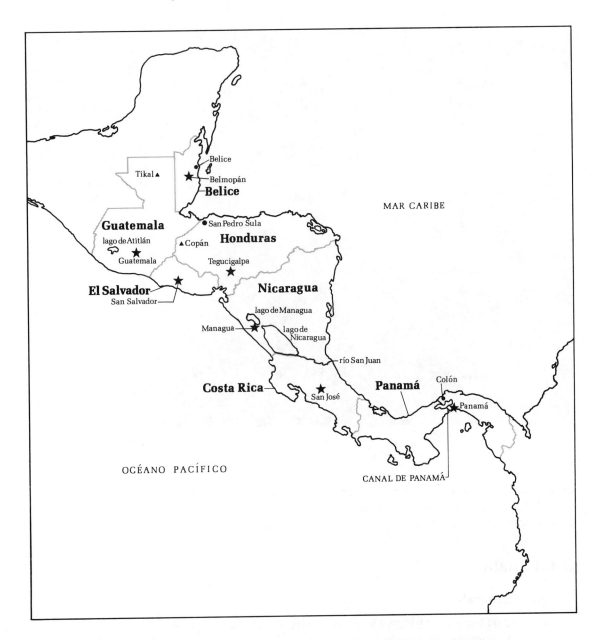

poderosos, mientras que Honduras es el menos desarrollado de todos. En general, los sectores económicos han experimentado una exitosa espansión desde 1960. Pero desafortunadamente los beneficios derivados de este progreso han favorecido a grupos pequeños más que a la población en general. El gran desafío que hoy en-

Centroamérica está llena de volcanes majestuosos, como el Irazú de Costa Rica, el Momotombo de Nicaragua y el Izalco de El Salvador. Pero éste es el único con un lago a sus pies, el hermoso lago de Atitlán en Guatemala. (*Ellis Herwig / Stock, Boston*)

frenta la región (con la excepción de Costa Rica) es el de crear una sociedad más equitativa que pueda reducir el desnivel entre la clase dominante y la servil.

## Guatemala

### Datos generales

*Área:* 42.042 millas² (108.889 km²), comparable a la del estado norteamericano de Ohio

*Capital:* Guatemala, situada en el interior montañoso, a una altitud de 4.877 pies (1.487 m)

*Población:* 7.103.000 (estimada en 1982)
  *Crecimiento anual:* 3,4 por ciento
  *Grupos étnicos predominantes:* indio y mestizo

*Población capitalina:* 730.991; 10 por ciento del total

*Analfabetismo:* 53 por ciento

*Esperanza de vida:* 49 años

*Principales productos de exportación:* café, algodón

*Principales compradores:* Estados Unidos, Alemania (RF),
  Japón

*Algunas figuras prominentes:* el cacique (chieftain) indígena
  Tecún Umán (¿?– 1524); el conquistador Pedro de
  Alvarado (1486–1541); el pintor Carlos Mérida (1893–);
  el escritor Miguel Ángel Asturias (1899–1974)

Guatemala se encuentra junto a México. Es el país centroamericano que está más al norte. Para los guatemaltecos, su tierra es «el
país de la eterna primavera». En los altos valles rodeados de montañas y volcanes (que es donde se concentra la población), nunca
hace demasiado calor ni demasiado frío. El clima es ideal; y la
belleza natural, incomparable.

La población guatemalteca se divide en dos grupos. Uno de
éstos es el de los indios, quienes descienden de los mayas y otros
pueblos precolombinos. El otro grupo es el de los *ladinos,* que es
como se le llama en Guatemala a los mestizos, a los blancos, y aun
a los indios que han abandonado sus costumbres indígenas. La
distinción entre indios y ladinos no está sancionada por la ley.
Tampoco se trata de una distinción puramente racial que tiene que
ver con el color de la piel. Más bien, depende de otros factores tales
como la posición social y económica de la persona y su orientación
cultural.

Aunque el mestizaje es un proceso que se ha estado desarrollando desde la conquista, el número de indios que todavía no se ha
asimilado a la cultura occidental ni se ha mezclado con los blancos
es considerable. Se distinguen del resto de la población por su
apariencia y su forma de vestir. Además, casi siempre viven en sus
propias comunidades, se dedican a una agricultura de subsistencia
y hablan su propia lengua indígena. En Guatemala hay más de
veinte lenguas precolombinas todavía en uso.

La conquista de Guatemala (y también la de El Salvador) se
realizó como una extensión de la conquista de México y fue co-
mandada por Pedro de Alvarado, un oficial del ejército de Hernán
Cortés. Alvarado se había distinguido peleando contra los indios
mexicanos. Salió a la conquista de Guatemala enviado por el
propio Cortés a fines de 1523. La expedición salió de México por
tierra y, de batalla en batalla, fue dominando a los pueblos indígenas que encontró en el camino. En julio de 1524, Alvarado fundó

la ciudad de Guatemala, la cual llegó a ser la sede de las autoridades españolas que gobernaron la llamada Capitanía General de Guatemala. A esta unidad política perteneció el territorio que hoy comprende parte del sur de México y todas las naciones centroamericanas al norte de Panamá. La Capitanía General de Guatemala se independizó de España en 1821, se unió a México brevemente y volvió a declararse independiente en 1823, durante la reunión del Primer Congreso Centroamericano. Dicho congreso proclamó que las provincias representadas por éste «son libres e independientes de la antigua España, de México y de cualquiera otra potencia». Asimismo el Congreso acordó que las provincias formarían una federación con el nombre de «Provincias Unidas del Centro de América». Esta federación duró hasta 1838. Las divergencias entre los gobiernos locales y el gobierno federal la hicieron fracasar y, luego de su disolución, surgieron los países actuales.

La unión de Centroamérica es un ideal que todavía persiste y que desde 1960 ha adquirido nueva vida. Sin embargo, el interés unitario actual es más bien económico y tecnológico. Con la excepción de Panamá y Belice, los cinco países restantes forman parte de un mercado común.

# El Salvador

### Datos generales

*Área:* 8.260 millas² (108.889 km²), comparable a la del
  estado norteamericano de Massachusetts

*Capital:* San Salvador, situada a 25 millas (40 km) del
  Océano Pacífico

*Población:* 5.042.000 (estimada en 1982)
  *Crecimiento anual:* 3,7 por ciento
  *Grupo étnico predominante:* mestizo
  *Población capitalina:* 478.531; 9 por ciento del total

*Analfabetismo:* 37 por ciento

*Esperanza de vida:* 58 años

*Principal producto de exportación:* café

*Principales compradores:* Estados Unidos, Alemania (RF)

*Algunas figuras prominentes:* el héroe de la independencia
  José Matías Delgado (1768–1833); el primer presidente
  de la Federación, Manuel José Arce (1787–1847); la
  poetisa Claudia Lars (1899–)

En comparación con Guatemala, El Salvador es un país relativamente uniforme en cuanto a geografía y población. Está situado al este de Guatemala y al sur de Honduras. Es el país más pequeño de la América Central y el único que no tiene costas sobre el mar Caribe.

El Salvador se ha caracterizado como el país más progresista de la América Central, y su desarrollo agrícola e industrial ha sido notable. Pero el crecimiento de la población ha llegado a ser excesivo con relación a los recursos del país. Su densidad de población es comparable a la del estado norteamericano de Massachusetts, pero carece de un puerto como Boston. En su territorio no quedan tierras desocupadas, capaces de absorber el excedente de población, como pasa en los países vecinos. El comercio y la industria tampoco generan el número de empleos que la población necesita. Debido a la falta de oportunidades de trabajo, miles y miles de salvadoreños han emigrado, muchos ilegalmente, a los países vecinos de Honduras y Guatemala, y aun a los Estados Unidos.

Por otra parte, los recursos económicos del país han estado en manos de una minoría privilegiada en detrimento de la mayoría de la población. Esta situación ha llegado a crear serios conflictos, no sólo en El Salvador, sino también en Guatemala y Nicaragua, donde el contraste entre ricos y pobres también ha sido muy marcado. Hoy es más urgente que nunca reformar las estructuras e instituciones tradicionales para salir adelante. Sólo así se pueden aminorar las tensiones sociales y políticas creadas por un pueblo que ahora reclama° mejores condiciones de vida y está apoyado por elementos radicales, incluyendo el comunismo.

*demands*

# Honduras

### Datos generales

*Área:* 43.277 millas² (112.088 km²), comparable a la del estado norteamericano de Tennessee

*Capital:* Tegucigalpa, situada en el sur del país, a una altitud de 3.200 pies (979 m)

*Población:* 3.437.000 (estimada en 1982)
*Crecimiento anual:* 3,4 por ciento
*Grupo étnico predominante:* mestizo
*Población capitalina:* 430.000; 12 por ciento del total

Muchos centroameri-
canos se sienten frus-
trados por no poder ser
parte de la sociedad
de consumo. (© *Peter
Menzel)*

*Analfabetismo:* 43 por ciento

*Esperanza de vida:* 53 años

*Principal producto de exportación:* bananas

*Principales compradores:* Estados Unidos, Alemania (RF)

*Algunas figuras prominentes:* el cacique indígena Lempira
(1497 – 1537); el político Francisco Morazán (1792 – 1842)

Durante su cuarto y último viaje al Nuevo Mundo en 1502, Cristóbal Colón exploró el territorio que hoy es Centroamérica, navegando frente a sus costas desde Honduras hasta Panamá. El uso del nombre «honduras°» para designar a una parte de este territorio tuvo su origen entonces. Se dice que proviene de una expresión que se le atribuye al almirante mismo: «Gracias a Dios que hemos salido de estas honduras». Según algunos, Colón usó la palabra «honduras» refiriéndose a la profundidad del océano; según otros, a las malas condiciones de navegación ocasionadas por el mal tiempo.

*depths*

Fuera de Centroamérica, pocas son las personas que han oído hablar de Honduras, o que conocen su capital. Este país se encuentra al norte de El Salvador y al este de Guatemala. Su economía ha dependido y sigue dependiendo del cultivo y exportación de bananas, actividad que está dominada por dos compañías norteamericanas: la Castle & Cooke y la United Brands. De esta situación proviene la imagen errónea y negativa que muchos todavía tienen cuando insisten en llamar a las naciones centroamericanas «repúblicas bananeras».

# Nicaragua

## Datos generales

*Área:* 50.193 millas² (130.000 km²), comparable a la del estado norteamericano de Michigan

*Capital:* Managua, situada a orillas del lago del mismo nombre, a unas 25 millas (40 km) del Océano Pacífico

*Población:* 2.669.000 (estimada en 1982)
   *Crecimiento anual:* 3,7 por ciento
   *Grupo étnico predominante:* mestizo
   *Población capitalina:* 330.000; 12 por ciento del total

*Analfabetismo:* 42 por ciento

*Esperanza de vida:* 53 años

*Principales productos de exportación:* algodón, carne congelada°

*frozen*

*Principales compradores:* Estados Unidos, Alemania (RF)

*Algunas figuras prominentes:* el conquistador Francisco Fernández de Córdoba (¿1475–1537?); el poeta modernista Rubén Darío (1867–1916); el poeta contemporáneo Ernesto Cardenal (1925–)

En extensión, Nicaragua es el país más grande de la América Central, pero tiene menos de tres millones de habitantes. La población se concentra entre las costas del Pacífico y los lagos de Nicaragua y Managua. El país está situado entre Honduras (al norte) y Costa Rica (al sur).

En 1979, Nicaragua comenzó a cambiar radicalmente, luego de una sangrienta insurrección popular, instigada y dirigida por un grupo de guerrilleros llamados «sandinistas», nombre que se deriva del apellido de un héroe guerrillero nicaragüense, el general César Augusto Sandino, quien fue asesinado en los años 30. Las fuerzas sandinistas lograron echar del poder a la familia de los Somoza, que por más de cuarenta años dominó política y económicamente a Nicaragua. Los Somoza dejaron en el país un imperio económico de su propiedad° valorado en 500 millones de dólares,

*de… belonging to them*

Estos nicaragüenses celebran el primer aniversario de la llegada al poder del régimen sandinista. (© *Susan Meiselas / Magnum Photos*)

el cual fue expropiado por el nuevo gobierno sandinista, que se orienta hacia el marxismo y es apoyado por Cuba y la Unión Soviética.

# Costa Rica

## Datos generales

*Área:* 19.575 millas² (50.700 km²); unas dos veces más grande que el estado norteamericano de Vermont

*Capital:* San José, situada en el centro del país, a una altitud de 3.870 pies (1.179 m)

*Población:* 2.454.000 (estimada en 1982)
   *Crecimiento anual:* 3,4 por ciento
   *Grupos étnicos predominantes:* blanco y mestizo
   *Población capitalina:* 438.658; 18 por ciento del total

*Analfabetismo:* 10 por ciento

*Principal producto de exportación:* café

*Principales compradores:* Estados Unidos, Alemania (RF)

*Algunas figuras prominentes:* la escritora Carmen Lyra (1888–1949); el político José Figueres (1907–)

   El pequeño país de Costa Rica, situado al sur de Nicaragua, es considerado como un modelo de democracia en toda América Latina. Las tensiones de carácter social, político y económico que han dividido a tantos otros países no han arraigado° en Costa Rica, *taken root* donde ningún grupo ha monopolizado para su propio beneficio el poder económico y político. Los costarricenses han vivido en paz y sin ejército desde 1948. Existe una Guardia Nacional que es apolítica y funciona como un cuerpo de policía civil. En marcado contraste con esta situación, las fuerzas armadas de los otros países de la región se han caracterizado como defensoras de los intereses de la oligarquía tradicional, con la que han formado una alianza para beneficio mutuo.

   Los gobiernos de Costa Rica se han dedicado a fomentar la educación y el bienestar social de la población. Como resultado, el país registra el índice de analfabetismo más bajo de Centroamérica y la esperanza de vida más alta. Cultural y étnicamente los costarricenses forman una sociedad bastante homogénea. Las condiciones de vida de la población en general son mejores que las que existen en el resto de Centroamérica.

# Panamá

## Datos generales

*Área:* 29.209 millas² (75.650 km²); comparable a la del estado norteamericano de Maine

*Capital:* Panamá, situada junto a la entrada del Canal de Panamá, sobre el Pacífico

*Población:* 2.066.000 (estimada en 1982)
  *Crecimiento anual:* 3,3 por ciento
  *Grupo étnico predominante:* mestizo
  *Población capitalina:* 412.000; 20 por ciento del total

*Analfabetismo:* 18 por ciento

*Esperanza de vida:* 65 años

*Principal producto de exportación:* bananas

*Principales compradores:* Estados Unidos

*Algunas figuras prominentes:* el descubridor del Océano Pacífico Vasco Núñez de Balboa (1475–1517); el novelista Rogelio Sinán (1904–)

Desde que Vasco Núñez de Balboa descubrió el Océano Pacífico en 1513, Panamá ha ocupado una posición estratégica en el campo de las comunicaciones internacionales. En siglos anteriores no era tan fácil como ahora pasar de un océano al otro porque había que hacerlo por tierra, ya que no existía un canal interoceánico. Pero, de todos modos, el camino era más corto. El Canal de Panamá se construyó en los primeros años del presente siglo, bajo la supervisión del Cuerpo de Ingenieros del Ejército de los Estados Unidos. Comenzó a operar en 1914, y desde entonces la prosperidad de Panamá ha dependido de las actividades que se relacionan con el intenso tráfico marítimo que pasa por el canal, unos 14.000 barcos anualmente. Pasar de un océano al otro toma alrededor de ocho o nueve horas.

El canal divide al país en dos partes, la occidental y la oriental. De estas dos, la primera es la más desarrollada y se extiende entre la frontera con Costa Rica y la ciudad de Panamá. La parte oriental es una densa selva a través de la cual ha sido prácticamente imposible abrir caminos para comunicar a Panamá con Colombia y el resto de la América del Sur. Su población es muy mezclada. Incluye a indios que viven en sus propias tribus y a negros cuyos antepasados llegaron a Panamá de las islas del Caribe para trabajar en la construcción del canal.

Las mujeres paname-
ñas se visten así du-
rante las fiestas de
Carnaval. Los elegan-
tes vestidos, típicos de
Panamá, se llaman
*polleras*. (*OAS*)

Como colonia española, Panamá fue parte del camino entre España y el oeste de la América del Sur, por lo que su administración no dependió de la Capitanía General de Guatemala sino por un período muy breve. Durante casi toda la época colonial, Panamá dependió políticamente de la América del Sur. Cuando esta región se independizó, Panamá pasó a formar parte de Colombia. Los panameños se declararon independientes en 1903, tres días después de estallar una revuelta local que Colombia habría podido controlar fácilmente si los Estados Unidos no hubieran protegido militar, económica y diplomáticamente a los rebeldes. La república de Panamá fue creada por los Estados Unidos a cambio de que los panameños le permitieran a este país construir el canal.

## Vocabulario

Complete las definiciones buscando las palabras correspondientes en la lista de la derecha.

1. Un verbo que significa lo mismo que *dominar* es _____.

vestir

ayudar

2. La expresión _____ se refiere a los minutos u horas que toma el ir de un lugar a otro en avión.

3. Lo opuesto de *tener éxito* es _____.

4. Un verbo que significa lo mismo que *acordar* es _____.

5. Algo que une las dos orillas de un río es un _____.

6. La palabra *demasiado* significa lo mismo que _____.

7. Hacer menos tenso es _____.

8. Un verbo que significa lo mismo que *establecer* es _____.

9. Cubrir con ropa es _____.

10. *Adelanto* y _____ quieren decir lo mismo.

11. Un verbo que significa lo mismo que *apoyar* es _____.

12. La membrana que cubre el cuerpo es la _____.

experimentar

batalla

progreso

someter

fundar

relajar

tiempo de vuelo

ejército

mucho

fracasar

decidir

piel

puente

paz

## Preguntas y opiniones

1. ¿Qué idea tiene la gente en general sobre Centroamérica? ¿Por qué cree usted que es así?

2. ¿Cuáles son los países de Centroamérica?

3. ¿México y qué país centroamericano son vecinos?

4. ¿Por qué se le llama a Guatemala «el país de la eterna primavera»?

5. ¿Quiénes son los *ladinos*?

6. ¿De qué depende la distinción entre indios y ladinos?

7. En su opinión, ¿debería Guatemala hacer más para «occidentalizar» a los indios? ¿Por qué sí o por qué no?

8. ¿Quién fue Pedro de Alvarado?

9. ¿Por qué se deshizo la federación de Centroamérica?

10. ¿Cómo es el interés unitario que existe hoy?

11. ¿Dónde está El Salvador?

12. ¿Cómo cree usted que se podría aminorar la presión demográfica que afecta a El Salvador?

13. ¿Cuál es el origen del nombre *Honduras*?

14. ¿De qué ha dependido tradicionalmente la economía hondureña?

15. ¿Existe en Nicaragua la misma presión demográfica que en El Salvador?

16. ¿Por qué el Frente Sandinista de Liberación Nacional se llama así? En su opinión, ¿de qué ha liberado o está liberando al país este grupo?

17. ¿En qué aspectos se diferencia Costa Rica del resto de Centroamérica?

18. ¿Diría usted que el hecho de que Costa Rica sea un país sin ejército ha contribuido a que sea democrático? ¿O se debe a otros factores? ¿Cuáles?

19. ¿Por qué es estratégica la posición de Panamá? Si cree que no lo es, explique por qué.

20. ¿Cuál es el único país centroamericano con el que Panamá comparte sus fronteras?

21. ¿De qué país sudamericano fue Panamá parte, y hasta cuándo? ¿Cómo pudo separarse?

22. Si conoce Centroamérica, comparta con la clase sus impresiones personales del país, o de los países, donde ha estado. Si no los conoce, diga cuál es el que más le gustaría visitar y por qué.

## Actividad

Las relaciones entre Centroamérica y los Estados Unidos siempre han sido muy estrechas, tanto en lo económico como en lo político. La forma en que ha influido este país ha sido criticada, tanto por norteamericanos como por centroamericanos.

Ahora imagínese que en las próximas elecciones para presidente de los Estados Unidos habrá varios candidatos. A continuación, algunos de ellos expresan su opinión sobre el papel de los Estados Unidos en Centroamérica. Basado en los que dicen, ¿por quién votaría usted y por qué? Si no está de acuerdo con ninguno de los argumentos, exprese lo que le gustaría que otro candidato dijera.

El candidato número uno:

Los norteamericanos nos hemos considerado protectores de la América Central. Por lo tanto, el desarrollo de la región es importante para nosotros. Afecta nuestro orgullo nacional. Nuestra presencia en la región es muy activa y debe continuar así.

El candidato número dos:

En la América Central tenemos intereses económicos que son favorables tanto para nosotros como para los centroamericanos. Éstos deben ser defendidos, aun con las armas si es necesario. Para eso hemos entrenado en Panamá a muchísimos oficiales. Si los países de Centroamérica no están con los Estados Unidos, estarán con la Unión Soviética.

El candidato número tres:

Los países centroamericanos son libres e independientes. No debemos intervenir en sus asuntos internos bajo ninguna circunstancia.

# ❧ 14 ❧

## Las islas del Caribe

Durante sus cuatro viajes al Nuevo Mundo, Cristóbal Colón descubrió numerosas islas del Caribe, incluyendo las más grandes: Cuba, Puerto Rico, Jamaica y la isla que llegó a ser conocida como «La Española» y que hoy la comparten dos países: Haití y la República Dominicana. En su *Diario de viaje,* Colón escribió que estas islas eran «muy verdes y fértiles, y de aires muy dulces». De casi todas ellas dijo que eran la cosa más hermosa del mundo. Esa hermosura hoy en día atrae a miles de turistas, especialmente de los Estados Unidos.

En el siglo XVI España fue la primera nación europea que llegó a dominar el Caribe, pero el poder español pronto se vio desafiado por otras naciones europeas con deseos de adquirir parte de ese Nuevo Mundo descubierto por Colón. Aparecieron los ingleses, los holandeses y los franceses, logrando fracturar el Imperio Español mediante ataques a las colonias y a las naves. España, sin fuerzas suficientes para defender todas sus posesiones, se vio obligada a abandonar las que consideró de poco valor. Y es por eso que hoy el Caribe constituye una variadísima muestra° de culturas, cuyos encuentros han producido resultados curiosos. En Curazao, por

*sampler*

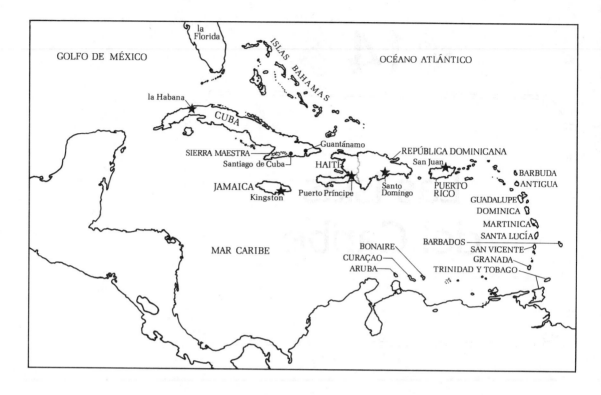

ejemplo, la gente habla papiamento, una lengua que es mezcla de varias otras: holandés, francés, inglés, español y portugués. En cambio°, de los pueblos precolombinos con los que los europeos establecieron contacto, quedan pocos vestigios. Estos pueblos desaparecieron como consecuencia de las guerras de conquista, las enfermedades traídas por los europeos y el régimen de explotación laboral a que fueron sometidos.

Desde los tiempos de Colón hasta el presente, las grandes potencias del mundo han luchado por la dominación de las islas del mar Caribe y las tierras continentales que lo bordean. Es por eso que las Antillas son más bien internacionales que latinoamericanas. Cuba, la República Dominicana y Puerto Rico son los únicos lugares donde la cultura hispanoamericana continúa floreciendo.

*En… by contrast*

# Cuba

### Datos generales

*Área:* 44.218 millas² (114.524 km²); comparable a la del estado norteamericano de Pennsylvania

*Capital:* La Habana, situada en el noroeste, sobre la orilla
atlántica y a unas 100 millas (160 km) de Key West

*Población:* 10.236.000 (estimada en 1982)

   *Crecimiento anual:* 2,2 por ciento

   *Grupo étnico predominante:* blanco

   *Población capitalina:* 1.900.240; 19 por ciento del total

*Analfabetismo:* 6 por ciento

*Esperanza de vida:* 69 años

*Principales productos de exportación:* azúcar, tobaco

En el Caribe las playas
son un gran recurso
económico porque
generan turismo.
(© *Peter Menzel*)

*Principales compradores:* URSS, España

*Algunas figuras prominentes:* el héroe de la independencia
José Martí (1853–1895); la folklorista Lydia Cabrera
(1900–); el pintor Wilfredo Lam (1902–); el poeta
Nicolás Guillén (1904–); los novelistas Alejo Carpentier
(1904–1980), Guillermo Cabrera Infante (1929–) y
Reinaldo Arenas (1943–)

A Cuba se le llama «la perla de las Antillas»: es una isla privilegiada que cuenta con lindas playas, espléndidos paisajes tropicales, tierras fértiles y clima agradable. Uno de sus poetas más
famosos, Nicolás Guillén, condensa el aspecto físico de esta isla en
una imagen visual derivada de la forma de Cuba en el mapa: para
él, la isla es un «largo lagarto° verde» que está nadando en el          *alligator*
Caribe.

Cuba es la isla más importante de las Antillas, y la más grande.
Antes de 1959, su prosperidad económica dependía del turismo
norteamericano y de la exportación de azúcar a los Estados
Unidos. Ese año, el movimiento guerrillero que dirigía Fidel
Castro asumió el poder después de pasar dos años luchando contra el gobierno en la Sierra Maestra, las montañas que están en el
extremo oriente de la isla. Así fue cómo comenzó la Revolución
Cubana. Ésta, bajo la dirección de Castro, ha convertido a la isla
en la primera república comunista de América.

Desde los tiempos de Colón hasta el presente, la historia de
Cuba ha sido la de un pueblo dominado. Primero fue dominado
por España, después por los Estados Unidos, y ahora por Rusia.
El caso de Cuba muestra que las Antillas siguen siendo codicia-
das por las grandes potencias mundiales.

La isla fue ocupada por los españoles en el siglo XVI sin necesidad de grandes campañas militares porque la resistencia de los
indios fue mínima. Los españoles introdujeron el cultivo de la
caña de azúcar y, muy pronto, el desarrollo de la industria azuca-
rera requirió la importación de gran número de esclavos negros
procedentes de África para trabajar en las plantaciones y en los
ingenios.° Hoy, aproximadamente una cuarta parte de la pobla-          *sugar mills*
ción cubana es negra, otra cuarta parte es mulata y la mitad
restante es blanca

Cuba no llegó a independizarse de España al mismo tiempo
que las colonias de tierra firme.° De hecho, Cuba y Puerto Rico          *de... on the mainland*
siguieron siendo posesiones españolas durante el siglo XIX, a
pesar de que en Cuba hubo una serie de ataques contra las fuerzas
españolas y una guerra que se prolongó diez años. El héroe de la
independencia de Cuba es José Martí quien, como Simón Bolívar,

En Cuba, el primero de enero no sólo es Año Nuevo sino el día del aniversario de la revolución. Este desfile militar en La Habana conmemoró el vigésimo aniversario. El gran retrato a la derecha es de Ernesto «Che» Guevara (1929–1967), el gran héroe de la izquierda radical. (© *Susan Meiselas / Magnum Photos*)

fue un hombre de grandes ideales que se entregó por completo° a la causa libertadora. Se distinguió como poeta, escritor, periodista y dirigente político. Los cubanos lo llaman «el apóstol» de su independencia porque con actividades y escritos revolucionarios convirtió a muchos a la causa libertadora y los hizo unirse y organizarse. Fue expulsado de Cuba más de una vez, y vivió como exilado político en España, México, Guatemala y Nueva York. Martí murió en el campo de batalla, al comenzar la última insurrección contra la dominación española en 1895.

se... *committed himself completely*

La lucha por la independencia continuó hasta 1898, cuando intervinieron los Estados Unidos, declarándole la guerra a España, luego de° la misteriosa explosión del *Maine,* acorazado° norteamericano que se encontraba en el puerto de La Habana. Los Estados Unidos derrotaron fácil y rápidamente a España, cuyas fuerzas no estaban preparadas para defenderse de tan po-

luego... *after / battleship*

deroso enemigo. La victoria norteamericana significó el fin del imperio español; los Estados Unidos adquirieron lo que quedaba de aquél: Cuba y Puerto Rico en el Nuevo Mundo, las islas Filipinas en el sureste de Asia y la isla de Guam en el Pacífico.

Los Estado Unidos tomaron posesión de Cuba, declararon que iban a protegerla y establecieron un gobierno militar que se dedicó a pacificar y a reconstruir la isla. Las fuerzas militares se retiraron en 1902, al mismo tiempo que° el gobierno norteamericano en Washington anunciaba la libertad política del pueblo cubano. Pero ésta fue una libertad condicional: Washington se reservó el derecho de intervenir en los asuntos internos de la nueva república para garantizar su independencia y la existencia de un gobierno que protegiera la vida humana, la propiedad privada y la libertad individual. Cuba, pues, se convirtió en un protectorado de los Estado Unidos, relación que duró hasta 1934, cuando Washington revocó la Enmienda° Platt, el documento que autorizaba la intervención.

*al… at the same time that*

*Amendment*

Aunque después de 1934 los Estados Unidos dejaron de intervenir abiertamente en los asuntos internos de Cuba, este país continuó dependiendo de aquél económica y comercialmente hasta la revolución de Fidel Castro en 1959. El gobierno de Castro comenzó por expropiar las empresas privadas, tanto cubanas como extranjeras. En el curso de esta operación, las inversiones° de capital privado norteamericano, cuyo valor ascendía° a unos mil millones de dólares, pasaron a ser propiedad del Estado. Bajo el gobierno de Castro, la economía cubana dejó de ser capitalista para convertirse en socialista, y el país ya no depende de los Estados Unidos sino de Rusia. Hoy, como resultado de los cambios fundamentales impuestos arbitrariamente por el gobierno castrista en el sistema político, las estructuras económicas, las instituciones sociales y la órbita de las relaciones internacionales, Cuba es un país comunista. La ayuda económica y militar rusa mantiene el país.

*investments*
*amounted*

Como ya se ha visto, alrededor de una cuarta parte de la población cubana es de origen negro. En otras islas la proporción es mayor. La presencia negra y su herencia son una constante dentro del cambiante panorama político que ha caracterizado a las Antillas. Los elementos culturales traídos por los esclavos han dejado una marca profunda en las costumbres populares, la religión, la pintura, la música y la literatura. El carácter afroantillano se manifiesta en el culto del vodú, en los ritmos musicales populares, en la celebración del Carnaval y en las composiciones literarias conocidas como «poesía negra». Estas obras se inspiran en las costumbres, sensaciones, actitudes, creencias e historia de los negros. Hay también algunas novelas sobre el mismo tema,

*La Jungla,* del pintor cubano Wifredo Lam, ejemplifica la influencia africana en el arte del Caribe. (*Collection, The Museum of Modern Art, New York.*)

tales como *Biografía de un cimarrón*° de Miguel Barnet, publicada en 1968. Esta novela es la biografía de un hombre que tiene 104 años. Contiene descripciones de bailes y ritos mágicos tradicionales y de la vida de los esclavos.

*fugitive slave*

## La República Dominicana

### Datos generales

*Área:* 18.816 millas² (48.734 km²); unas dos veces más grande que el estado norteamericano de New Hampshire

*Capital:* Santo Domingo, situada en la costa sur, donde desemboca el río Ozama

*Población:* 5.783.000 (estimada en 1982)
  *Crecimiento anual:* 3,5 por ciento
  *Grupo étnico predominante:* mulato
  *Población capitalina:* 654.757; 11 por ciento del total

*Analfabetismo:* 32 por ciento

*Esperanza de vida:* 58 años

*Principal producto de exportación:* azúcar

*Principales compradores:* Estados Unidos

*Algunas figuras prominentes:* el héroe de la independencia
  Juan Pablo Duarte (1813–1876); el ensayista Pedro
  Henríquez Ureña (1884–1946); el escritor y político Juan
  Bosch (1909–)

Al este de Cuba se encuentra la isla que Colón llamó «La Española», la cual se divide en dos países: Haití y la República Dominicana. Ésta ocupa los dos tercios orientales de la isla. La capital, Santo Domingo, data de 1496; tiene el honor de ser la primera ciudad de origen europeo en el Nuevo Mundo que aún existe y la que guarda los restos de Cristóbal Colón (aunque otras ciudades europeas le disputan esa gloria). En Santo Domingo también está la universidad más antigua de América, fundada en 1538.

A pesar de que La Española fue la isla desde donde los españoles iniciaron la colonización del Nuevo Mundo, España prácticamente llegó a olvidarse de ella porque resultó ser una colonia pobre, sin oro ni plata. Aprovechándose del desinterés español, poco a poco los piratas franceses comenzaron a ocupar el noroeste de la isla, situación que se formalizó en 1697, cuando España le cedió a Francia el territorio ocupado. Éste llegó a convertirse en una colonia francesa muy próspera gracias al trabajo de gran número de esclavos negros africanos traídos por Francia, quienes pronto superaron al número de blancos. La colonia se independizó de Francia en 1804, convirtiéndose en el país que hoy se llama Haití y ocupa el tercio occidental de la isla.

En 1822, los haitianos invadieron Santo Domingo y sometieron a los dominicanos con el objeto de imponer la supremacía negra en toda la isla. Fue una cruel tiranía que duró veintidos años, hasta 1844, cuando los haitianos fueron echados del poder durante una revuelta encabezada por el patriota dominicano Juan Pablo Duarte.

En nuestro siglo los *marines* norteamericanos han ocupado la República Dominicana en varias ocasiones. La última vez fue en 1965, bajo órdenes del presidente Lyndon B. Johnson. Fue una acción rápida y sorpresiva, motivada por una rebelión popular contra el gobierno militar que aquel año gobernaba en la isla. El gobierno del Presidente Johnson creyó que esa rebelión era para establecer en las Antillas otro régimen comunista como el de Cuba, y los *marines* permanecieron en la República Dominicana hasta 1967.

# Puerto Rico

### Datos generales

*Área:* 3.435 millas² (8.897 km²); unas tres veces más grande que el estado norteamericano de Rhode Island

*Capital:* San Juan, situada en la costa norte

*Población:* 3.400.000 (estimada en 1982)
   *Crecimiento anual:* 2,2 por ciento
   *Grupo étnico predominante:* blanco
   *Población capitalina:* 936.693; 28 por ciento del total

*Analfabetismo:* 8 por ciento

*Esperanza de vida:* 72 años

*Algunas figuras prominentes:* el explorador y conquistador Juan Ponce de León (¿1460?–1521); el ensayista Eugenio María de Hostos (1839–19030; los poetas Luis Llorens Torres (1878–1944) y Luis Palés Matos (1899–1959); el dramaturgo René Marqués (1919–)

La isla de Puerto Rico fue descubierta por Colón en 1493, durante su segundo viaje. Entonces estaba habitada por los indios taínos, quienes la llamaban Borinquen. La isla no fue ocupada por los españoles hasta 1508, y fueron bien recibidos por los taínos. Pero la amistad duró poco, pues los indios se rebelaron ante los abusos de los españoles. Luego ocurrió lo mismo que en las otras islas del Caribe: la población nativa desapareció, víctima de las guerras, las enfermedades y la explotación. La isla fue colonizada bajo el mando de Juan Ponce de León, el mismo español que en 1513 descubrió la península de la Florida. El pasado colonial de la isla está visible en la arquitectura del viejo San Juan, la parte antigua de la ciudad capital.

Como consecuencia de la guerra entre España y los Estados Unidos, Puerto Rico ha dependido de este país desde 1898. La relación que existe entre ellos es única, ya que Puerto Rico no es una colonia en el sentido tradicional ni tampoco un estado como Hawaii o Alaska. Los puertorriqueños son ciudadanos de los Esta-

Estos jóvenes juegan al béisbol enfrente de El Morro de San Juan, fortaleza que data del siglo XVI. Fue construida por los españoles para defender a la ciudad de los ataques piratas. (© *1980 Peter Menzel / Stock, Boston*)

dos Unidos, pero no votan en las elecciones presidenciales ni pagan impuestos federales. Tienen un representante en el Congreso, cuyo poder es limitado porque tiene voz pero no voto. Los jóvenes puertorriqueños están sujetos al servicio militar y han combatido como miembros de las fuerzas armadas norteamericanas en guerras como la del Vietnam.

Puerto Rico ha pasado todo el siglo XX asociado a los Estados Unidos y, exceptuando a una minoría muy pequeña, nadie desea que la isla se declare independiente. Un 47 por ciento de puertorriqueños desea mantener con los Estados Unidos la relación que ha existido hasta ahora. Pero otro número igual desea cambiar la naturaleza de dicha relación. Este grupo propone que Puerto Rico se convierta en el estado número cincuenta y uno de los Estados Unidos.

Los puertorriqueños están muy conscientes de que su relación con los Estados Unidos ha favorecido su desarrollo económico y social, el cual es superior al de las demás naciones de Centroamérica y el Caribe. Sin embargo, cientos de miles de puertorriqueños han tenido que emigrar a los Estados Unidos por falta de oportunidades de trabajo en la isla. Lo que explica esta aparente contradicción es el hecho de que hay demasiada gente: Puerto Rico tiene una densidad de población de mil habitantes por milla cuadrada aproximadamente.

## Vocabulario

A. Forme sustantivos derivados de los verbos siguientes usando los sufijos *-ción, -sión, -amiento* o *-imiento*. Luego escoja tres sustantivos y úselos en oraciones originales.

| | |
|---|---|
| 1. celebrar | 6. establecer |
| 2. contribuir | 7. producir |
| 3. crecer | 8. sentir |
| 4. discutir | 9. mejorar |
| 5. mover | 10. intervenir |

B. Forme los antónimos de las siguientes palabras usando los prefijos *des-, im-* o *in-*. Luego escoja cinco antónimos y úselos en una oración original.

| | |
|---|---|
| 1. seguro | 8. organizar |
| 2. conocido | 9. humano |
| 3. aparecer | 10. adecuado |
| 4. suficiente | 11. interés |
| 5. agradable | 12. poblado |
| 6. dependencia | 13. ocupado |
| 7. completo | 14. favorable |

## Preguntas y opiniones

1. ¿Cómo se llaman algunas de las islas que forman parte de las Antillas?

2. ¿Cómo lograron apoderarse de algunas islas los países que eran rivales de España?

3. ¿Qué pueblos desaparecieron como consecuencia de la conquista?

4. ¿Quién es Nicolás Guillén? ¿Cómo describió a Cuba?

5. ¿Cuál es la isla más grande de las Antillas?

6. ¿Cómo empezó la Revolución Cubana?

7. ¿Por qué cree usted que desde los tiempos de Colón las grandes potencias han conseguido dominar a Cuba?

8. ¿Quiénes iniciaron el cultivo de la caña de azúcar en el Caribe?

9. ¿Por qué se hizo necesaria la importación de negros africanos? ¿Cómo se explica usted el hecho de que ni los españoles ni los indios fueron capaces de hacer lo que hacían los negros?

10. ¿En qué forma contribuyó José Martí a la independencia de Cuba?

11. ¿Qué tienen en común José Martí y Simón Bolívar?

12. ¿Qué opina usted de la explosión del acorazado *Maine*? ¿Fue un accidente o un acto de sabotaje? ¿Cree usted que sirvió de pretexto o que fue el verdadero motivo para la intervención armada de los Estados Unidos en la lucha de Cuba por su independencia?

13. ¿Le gustaría visitar Cuba? ¿Por qué sí or por qué no?

14. ¿Qué tipo de música conoce usted en la cual se nota la influencia de la cultura negra?

15. ¿De qué trata la «poesía negra»?

16. ¿Qué países antillanos están al este de Cuba?

17. ¿Qué es lo que distingue a Santo Domingo?

18. ¿Cómo se originó Haití?

19. ¿Por qué fue ocupada por los *marines* la República Dominicana en 1965? ¿Cree usted que el gobierno de los Estados Unidos tiene el derecho de hacer eso cada vez que hay disturbios en un país de Centroamérica o del Caribe?

20. ¿Qué nombre tenía Puerto Rico en la época precolombina?

21. ¿Cómo se convirtió Puerto Rico en una posesión de los Estados Unidos?

22. Si usted fuera puertorriqueño/a, ¿preferiría que la isla mantuviera la relación actual con los Estados Unidos, se convirtiera en un estado norteamericano o se independizara? ¿Por qué?

## Actividad

Prepare un breve informe, individualmente o con un(a) compañero/a, sobre uno de los siguientes temas relacionados con la política extranjera de los Estados Unidos en el área del Caribe y Centroamérica.

1. La Guerra de 1898: ¿cuáles fueron los motivos por los cuales los Estados Unidos le declararon la guerra a España?

2. Dos ejemplos de intervención de los Estados Unidos para derribar a un gobierno y las consecuencias de esta acción: Guatemala, 1954; Bahía de Cochinos, Cuba, 1961.

3. Dos ejemplos de ocupación militar por los Estados Unidos y sus consecuencias: Nicaragua, 1909–1933; la República Dominicana, 1916–1930.

V

# LA AMÉRICA
# DEL SUR

# ❦ 15 ❦

## Colombia y Venezuela

Colombia y Venezuela son los dos países hispanoamericanos que ocupan el norte de la América del Sur. El primero es conocido por su café y el segundo por su petróleo. Pero los españoles del siglo XVI pensaban que la riqueza de estas tierras provenía de El Dorado, un lugar que nunca llegaron a encontrar. La historia cuenta que entre los indios chibchas de Colombia había un cacique° a quien cubrían con polvos de oro y era luego llevado en una balsa° al centro de la laguna Guatavita, cerca de donde hoy se encuentra la ciudad de Bogotá. La balsa, además, llevaba ofrendas° que consistían en objetos de oro. Éstos eran echados al agua, y el cacique se bañaba hasta que no quedaba nada de oro en su cuerpo. Todo esto era parte de un misterioso rito religioso en honor a Bachué, la madre de la raza humana.

No sólo fueron españoles, sino también alemanes, quienes buscaron el reino de El Dorado, pero nadie tuvo éxito. En tiempos modernos, la laguna ha sido drenada parcialmente, pues hay razón para seguir creyendo en El Dorado. En 1968, se descubrió una magnifica escultura precolombina de oro. Representa nada

*chieftain*
*raft*

*offerings*

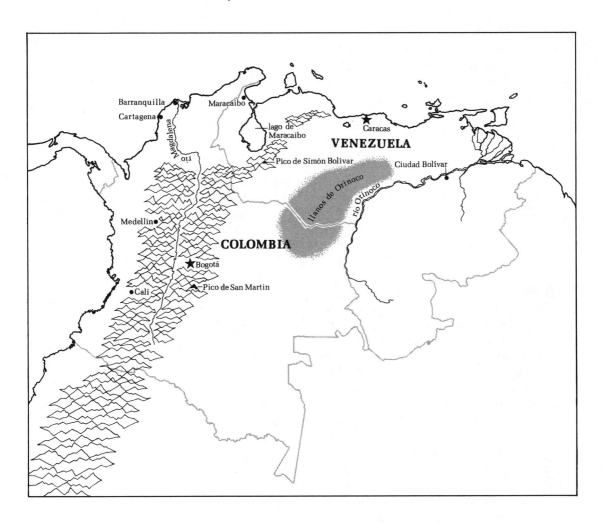

menos que° una balsa que parece dirigirse hacia algún lugar. En　　*nada… nothing short of*
ella van varios indios, acompañando a la imponente figura del
centro, que es la de El Dorado.

# Colombia

### Datos generales

*Área:* 439.737 millas² (1.138.914 km²); casi tres veces más
grande que el estado norteamericano de California

*Capital:* Bogotá, situada en el interior montañoso, a una
altitud de 8.659 pies (2.639 m)

*Población:* 30.816.000 (estimada en 1982)
   *Crecimiento anual:* 3,2 por ciento
   *Grupo étnico predominante:* mestizo
   *Población capitalina:* 2.855.065; 9 por ciento del total

*Analfabetismo:* 20 por ciento

*Esperanza de vida:* 67 años

*Principal producto de exportación:* café

*Principales compradores:* Estados Unidos, Alemania (RF)

*Algunas figuras prominentes:* el explorador y conquistador
   Gonzalo Jiménez de Quesada (¿1500?–1579); el Liberta-
   dor Simón Bolívar (1783–1830); el poeta José Asunción
   Silva (1865–1896); el pintor Fernando Botero (1932–);
   los novelistas José Eustasio Rivera (1889–1928) y
   Gabriel García Márquez (1928–)

Colombia es el único país sudamericano con costas sobre el mar Caribe y el Océano Pacífico: las primeras son más importantes que las segundas porque representan la puerta de salida del país hacia Norteamérica y Europa. Sobre el Caribe se encuentra el puerto de Barranquilla, desde donde se exporta el producto del cual depende la economía colombiana: el café. Casi dos millones de colombianos trabajan en actividades que se relacionan con el cultivo y comercialización de este producto. El café fue introducido en Colombia durante el tiempo de la colonia, en 1723; hoy se cultiva en una cuarta parte de las tierras del país dedicadas a la agricultura.

Aunque en extensión Colombia es un país relativamente grande, tres quintas partes de su territorio consisten en llanuras tropicales en las que sólo vive un 2 por ciento de la población. Los colombianos están concentrados en la costa y en los valles de las tierras altas, en el oeste. La monumental cordillera de los Andes atraviesa el país de norte a sur; los dos picos más altos están dedicados a la memoria de Simón Bolívar y Cristóbal Colón.

Dadas las características geográficas del país, es natural que el medio más práctico para ir de un lugar a otro sea el avión. Resulta lógico entonces, que la primera línea aérea del Nuevo Mundo fuera fundada en Colombia, en 1919. Era propiedad de un grupo de inversionistas alemanes en colaboración con colombianos. La SCADTA (Sociedad colombo-alemana de transportes aéreos) existió hasta la Segunda Guerra Mundial, cuando el gobierno colombiano, como aliado de los Estados Unidos, confiscó la compañía. Dada su conexión alemana, algunos creían que la SCADTA podría haber facilitado sus instalaciones a la Fuerza Aérea Alemana para atacar el Canal de Panamá.

Una familia colombiana de orígen indígena. *(Peter Menzel)*

Durante la época colonial, el actual territorio colombiano se llamaba Nueva Granada. Así fue nombrado por uno de sus exploradores y conquistadores, Gonzalo Jiménez de Quesada, quien había nacido en la ciudad española de Granada. La Nueva Granada también incluía a las actuales repúblicas de Panamá, Venezuela y Ecuador. Cuando la Nueva Granada se separó de España en 1819, Simón Bolívar formó una federación con el nombre de «la Gran Colombia» en honor a Cristobal Colón. Fue una federación débil que fracasó en 1830, cuando Venezuela y Ecuador se separaron. Más tarde, Colombia sufrió otra fragmentación al ocurrir la separación de Panamá.

Colombia tiene fama de ser el país más católico de la América Latina, y también el país donde se habla el mejor español. Bogotá, la capital del país, ha sido llamada «la Atenas de América» porque entre los colombianos hay una clase aristocrática que lee mucho y posee un nivel cultural e intelectual muy alto.

# Venezuela

### Datos generales

*Área:* 352.145 millas$^2$ (912.000 km$^2$); comparable a la del estado norteamericano de Texas

*Capital:* Caracas, situada en el norte, a sólo 8 millas del mar Caribe (12 km), y a una altitud de 3.040 pies (930 m)

*Población:* 14.479.000 (estimada en 1982)
   *Crecimiento anual:* 3,5 por ciento
   *Grupo étnico predominante:* mestizo
   *Población capitalina:* 1.958.977; 14 por ciento del total

*Analfabetismo:* 18 por ciento

*Esperanza de vida:* 66 años

*Principal producto de exportación:* petróleo

*Principal comprador:* Estados Unidos

*Algunas figuras prominentes:* el promotor de la independencia Francisco Miranda (1750–1816); el Libertador Simón Bolívar (1783–1830); el escritor y lingüista Andrés Bello (1781–1865); los novelistas Rómulo Gallegos (1884–1979) y Salvador Garmendia (1928–)

Cuando los españoles del siglo XVI se pusieron a describir el Nuevo Mundo, frecuentemente lo hicieron con una imaginación muy activa, tal vez porque conocían muchos libros de caballerías,°    *chivalry* o tal vez porque sentían la necesidad de compensar la falta de oro imaginándose estar en lugares encantados. Ejemplo de esa predisposición es el nombre *Venezuela*. Significa «pequeña Venecia». La pequeña Venecia a la que los españoles se referían era el lago de Maracaibo. Allí vivían unos indios en unas chozas° miserables que    *huts* se elevaban sobre el agua. Para ir de un lugar a otro usaban canoas.

La conquista del actual territorio venezolano comenzó como una operación financiera. Carlos I de España y V de Alemania concedió a los banqueros Welser, de Alemania, el derecho de conquista y colonización en aquel territorio, como garantía por unos empréstitos° recibidos. Fue una operación sin éxito; los alemanes se retiraron alrededor de 1550. Uno de los obstáculos que limitaron el desarrollo colonial fueron las restricciones comerciales impuestas por España con su política económica basada en el mercantilismo.

Venezuela se pobló lentamente hasta que el petróleo comenzó a estimular el desarrollo. De 1920 a 1970, su población creció cuatro veces. Hoy, la vista que ofrece el lago de Maracaibo, en el noroeste del país, es completamente diferente de la que vieron los exploradores del siglo XVI. Sobre el agua se elevan miles de torres de perforación° que representan la riqueza de la Venezuela moderna: el petróleo. Y ése no es el único gran recurso del país; Venezuela también cuenta con enormes depósitos de mineral de hierro.°

Venezuela es un país que ha alcanzado objetivos políticos y económicos sin tener que recurrir° a medidas extremas y radicales. En 1975, se nacionalizó la industria del petróleo, que hasta entonces había estado en manos de compañías extranjeras. Fue un hecho realizado en forma ordenada y para el cual Venezuela se fue preparando gradualmente, a diferencia de nacionalizaciones hechas en otros países con el objeto de explotar sentimientos políticos. El analista político venezolano Carlos Rangel opina que la nacionalización de la industria petrolera en su país, «ha dejado naturalmente insatisfechos a los comunistas, quienes nunca vieron en la eventual nacionalización un objetivo económico y de soberanía, sino un objetivo político de fricción y ruptura entre Venezuela y los Estados Unidos».*

Menos conocida que la Venezuela del petróleo es la Venezuela de los llanos,° la región que forma la cuenca del río Orinoco y sus tributarios en el centro del país. Los llanos del Orinoco son tierras tropicales, dominadas por la sequía en el verano y las inundaciones en invierno. Es una región llena de historia y tradiciones rurales, donde el desarrollo se ha caracterizado como una lucha entre la civilización y la barbarie. Sus habitantes típicos son los llaneros, quienes durante las guerras de independencia realizaron una acción decisiva luchando ferozmente, primero por

*loans*

*torres... oil rigs*

*mineral... iron ore*

*resort*

*prairies*

*\*Carlos Rangel, Del buen salvaje al buen revolucionario (Caracas: Monte Ávila Editores, 1970) págs. 224–225.*

Una instalación petrolera en Venezuela. Este país ocupa el sexto lugar en producción mundial. Por encima de Venezuela, en orden ascendente, están: Iraq, México, los Estados Unidos, la Arabia Saudita y la Unión Soviética. (*OAS*)

España y después en contra. La vida en los llanos fue inmortalizada por Rómulo Gallegos en una de las obras clásicas de la literatura latinoamericana, su novela *Doña Bárbara*, publicada en 1929. Ésta trata del enfrentamiento° entre doña Bárbara, el símbolo de la barbarie, y Santos Luzardo, el símbolo de la civilización.

*confrontation*

## Vocabulario

Busque en la columna de la derecha un sinónimo de cada palabra o expresión que está en la columna de la izquierda.

| | |
|---|---|
| 1. balsa | montaña |
| 2. choza | jefe |
| 3. cordillera | cabaña |
| 4. cacique | cuenca |
| 5. pico | canoa |
| 6. llanuras | praderas |
| 7. puerto | desembarcadero |
| 8. sistema fluvial | cumbre |

## Preguntas y opiniones

1. Relate la historia de El Dorado. ¿Cree usted que fue un mito o una realidad? ¿Por qué?

2. ¿Hay mitos contemporáneos en los que la gente de hoy cree? Si su respuesta es afirmativa, dé ejemplos; si es negativa, explique por qué.

3. ¿Dónde está Barranquilla? ¿Por qué es importante?

4. ¿A qué se debe que las llanuras del interior de Colombia estén prácticamente despobladas?

5. ¿Por qué los aviones han sido más útiles que los autos para ir de un lugar a otro en Colombia?

6. ¿Cómo se llamaba el actual territorio colombiano durante la época colonial? ¿Por qué?

7. ¿Por qué los españoles llamaron *Venezuela* a ese territorio? ¿Qué quiere decir este nombre?

8. ¿Quiénes trataron de colonizar Venezuela? ¿Por qué fue un territorio pobre durante la colonia? ¿Sigue siendo pobre ahora?

9. ¿Por qué tiene ramificaciones políticas la nacionalización de industrias que están en manos de compañías extranjeras?

10. ¿Cómo son los llanos del Orinoco? ¿y los llaneros?

11. ¿Qué parte(s) de Venezuela o Colombia le gustaría a usted visitar? ¿Por qué?

## Actividades

1. En casi todos los países latinoamericanos es común que el gobierno administre industrias y compañías de servicios públicos. Entre éstas hay compañías de petróleo, de electricidad y de teléfonos. ¿Considera usted que esto es ventajoso o desventajoso para el consumidor? ¿Por qué? ¿Es mejor y más barato el servicio

cuando dichas compañías estan en manos del estado o en manos privadas?
¿Por qué?

2.  Haga un breve informe sobre uno de los temas siguientes:

    a.  la leyenda de El Dorado

    b.  Simón Bolívar y "la Gran Colombia"

    c.  el contraste entre la aristocracia de Colombia y la de Venezuela

    d.  la población indígena de Colombia o Venezuela

# ❧ 16 ❧

---

## Los países andinos del Pacífico

---

Al contemplar la magnitud de los Andes, resulta asombroso todo lo que el hombre ha logrado hacer en la región donde reinan estas formidables cumbres. ¿Cómo es posible que en el siglo XV se haya desarrollado en una zona tan inhospitalaria un imperio como el de los incas? ¿O que tales cumbres hayan sido cruzadas por los exploradores y conquistadores del siglo XVI? ¿Y que, tres siglos más tarde, los ejércitos que luchaban por la independencia hayan hecho lo mismo? Esas fuerzas lucharon no sólo contra el poder español sino también contra el de la naturaleza. «Lo que no me deja dormir—escribió José de San Martín—no es la oposición que puedan hacerme los enemigos, sino el atravesar esos inmensos montes». Para vencerlos, San Martín pasó tres años entrenando y preparando a su ejército libertador en la ciudad argentina de Mendoza, próxima a las cumbres. Entonces, él y sus hombres realizaron la increíble hazaña de cruzar los Andes entre la Argentina y Chile. Llevaban mulas, caballos y cabezas de ganado; transportaban artillería, material de guerra y provisiones calculadas para quince días. Las provisiones incluían «cebollas y ajos°     *garlic*

Los imponentes Andes en la frontera chileno- argentina. (*Carl Frank*)

como confortantes contra el frío y remedio contra las enfermedades que en las grandes alturas aquejan° a hombres y bestias». Aun *afflict*
así, hubo soldados que no murieron en el campo de batalla sino en los pasos de las montañas, víctimas del frío y del «soroche», nombre que en los Andes recibe el mal de montaña.° *mal... altitude sickness*

Desde Venezuela hasta Chile, los Andes ejercen su formidable poder. Su presencia ha sido parte esencial de la vida, tanto en Venezuela y Colombia como en Ecuador, Perú, Bolivia y Chile, los cuatro países andinos que se orientan° hacia el Pacífico. De todas *se... face*
ellas, Bolivia es la única nación mediterránea,° es decir, una na- *island*
ción que no tiene costas. En todos estos países la voluntad del hombre se ha impuesto sobre el poder de la naturaleza, como lo demuestran las grandes hazañas históricas y las no menos notables obras de ingeniería, desde los antiguos caminos que unían a las diferentes poblaciones de los incas, hasta los oleoductos° ac- *pipelines*
tuales que transportan el petróleo hacia los puertos del Pacífico.

# Ecuador

### Datos generales

*Área:* 109.484 millas² (283.561 km²), comparable a la del
   estado norteamericano de Oregón

*Capital:* Quito, situada en el interior andino, a una altitud
   de 9.350 pies (2.850 m)

*Población:* 9.087.000 (estimada en 1982)
   *Crecimiento anual:* 3,4 por ciento
   *Grupos étnicos predominantes:* indio y mestizo
   *Población capitalina:* 551.163; 6 por ciento del total

*Analfabetismo:* 24 por ciento

*Esperanza de vida:* 56 años

*Principales productos de exportación:* bananas, cacao

*Principales compradores:* Estados Unidos

*Algunas figuras prominentes:* el conquistador Sebastián de
   Benalcázar (1480–1551); el pintor Miguel de Santiago
   (1626–1706); el Libertador Simón Bolívar (1783–1830);
   el novelista Jorge Icaza (1906– ); el pintor Osvaldo
   Guayasamín (1918– ); el poeta Jorge Carrera Andrade
   (1903– )

El más pequeño de los países andinos es el Ecuador, situado al
sur de Colombia y al noroeste del Perú. Debe su nombre al ecua-
dor° terrestre, que pasa al norte de la ciudad de Quito. La posi-       *equator*
ción de la línea ecuatorial fue marcada por una expedición de
científicos franceses que visitó la región en 1735 para tomar
ciertas medidas° de la tierra.                                           *measurements*

A pesar de su posición geográfica, el clima de tipo ecuatorial
existe solamente en la región oriental, que es de tierras bajas.
Ésta forma parte de la selva amazónica y constituye una de las
tres regiones en que se divide el país. Las otras dos son la costa,
que mira hacia el Pacífico, y la región andina, que se extiende
paralelamente a la costa y se distingue por sus volcanes especta-
culares tales como el Cotopaxi y el Chimborazo, siempre cubier-
tos de nieve. La vida humana y las actividades económicas se
concentran en estas dos regiones, cuyas ciudades principales son,
respectivamente, Guayaquil, a nivel del mar, y Quito, a una altitud de más de 9.000 pies (2.700 m). Quito es la capital del país,
pero económica y comercialmente Guayaquil—que cuenta con

Mural que se encuentra en el aeropuerto de Guayaquil en Ecuador. (*Virginia Ferrero*)

un puerto activo—es más importante y está creciendo más rápidamente que aquélla.

La ciudad de Quito todavía muestra un aire colonial. Sus iglesias nos hacen recordar las palabras de Simón Bolívar, quien en la época de la independencia dijo que el Ecuador era un convento, debido al esplendor religioso de su capital. Quito sigue siendo una ciudad de iglesias suntuosas, con altares ricamente decorados, llenas de cuadros e imágenes de Cristo en la Cruz, la Virgen María y los santos; de ángeles, flores y toda la ornamentación barroca que para los puritanos es impropia. El admirable esplendor religioso de la época colonial también perdura en muchas otras ciudades latinoamericanas.

## Perú

### Datos generales

*Área:* 496.225 millas$^2$ (1.285.216 kms$^2$); unas tres veces más grande que el estado norteamericano de California

*Capital:* Lima, situada en la región costera, a 10 millas (16 kms) del Océano Pacífico

*Población:* 18.527.000 (estimada en 1982)
  *Crecimiento anual:* 3,1 por ciento

Típico paisaje de las tierras bajas. Éste es el río Napo. Nace en el Ecuador y pasa al Perú, donde se une al Amazonas cerca de la ciudad de Iquitos. (*Walter D. Hartsough*)

*Grupos étnicos predominantes:* indio y mestizo
*Población capitalina:* 2.891.000; 15 por ciento del total

*Analfabetismo:* 28 por ciento

*Esperanza de vida:* 53 años

*Principal producto de exportación:* cobre

*Principales compradores:* Estados Unidos, Japón

*Algunas figuras prominentes:* el conquistador Francisco
Pizarro (¿1475?–1541); el escritor colonial Garcilaso de
la Vega (1539–1616); los novelistas indigenistas Clorinda
Matto de Turner (1854–1909) y Ciro Alegría
(1909–1967); el político Víctor Raúl Haya de la Torre
(1895–1979); el poeta César Vallejo (1892–1938); el
novelista Mario Vargas Llosa (1930–)

El Perú se encuentra al sur del Ecuador y Colombia; es el país
más grande de la América del Sur, después del Brasil y de la
Argentina. Por sus características étnicas y geográficas se parece al
Ecuador, pues también cuenta con una población indígena muy
numerosa y consta de regiones distribuidas como en aquel país: la
costera (en el oeste), la andina (en el centro) y la amazónica (en el
este). Hablar de la geografía de su país con los peruanos puede dar
lugar a malentendidos° porque tienen la costumbre de llamarle      *misunderstandings*
*sierra* a la región andina y *montaña* a la selva amazónica.

La costa peruana se diferencia notablemente de la selva. La
selva, que ocupa más de la mitad del territorio nacional, es una
región húmeda, mientras que la costa es árida, un desierto cubierto en gran parte de dunas.° En algunos lugares, la cantidad     *sand dunes*
anual de lluvia no llega ni a un quinto de pulgada (1/2 centímetro
[cm]); en otros no llueve en absoluto. La gente está tan acostumbrada a que no llueva, que cuando cae más lluvia de lo común,
todo el mundo se asusta° y piensa en lo peor: que la lluvia es       *se... becomes frightened /*
presagio° de un inminente terremoto. A pesar de su aridez, ésta es   *omen*
la región más activa del Perú, y en ella habita la mitad de la
población. Lima (la capital) y El Callao (el puerto principal)
están contiguos° y forman el centro urbano más grande del país.     *adjacent*
El desarrollo económico de esta región ha sido superior al del
resto del país porque ofrece una gran variedad de recursos naturales accesibles, siendo el petróleo y la pesca dos de los principales. Además, se ha incrementado el uso de los pequeños ríos que
descienden de la Cordillera de los Andes para combatir la aridez.
Los oasis formados alrededor de estos pequeños ríos han estado
contribuyendo al sustento° de la población desde tiempos remo-    *support*
tos y fueron de vital importancia en el desarrollo de sorprendentes culturas precolombinas anteriores a la de los incas.

Al este de la costa, la región andina constituye un mundo donde la vida es más ardua. Ésta es la región que contiene los elementos que tradicionalmente se identifican con el Perú: cumbres imponentes, minas de inagotable riqueza, pequeños pueblos de estilo colonial, ruinas precolombinas e indios que son descendientes de los incas y de otras comunidades indígenas. Los recursos de esta región han hecho que el Perú sea uno de los principales países mineros del mundo. Es un gran productor de cobre, plata, plomo y otros metales que se extraen de minas situadas a grandes altitudes. El centro minero de Cerro de Pasco, por ejemplo, está a más de 14.000 pies (4.200 m) sobre el nivel del mar.

La industria minera es muy importante para la economía peruana. Pero para los indios que viven en los Andes, la agricultura de subsistencia (y no la minería) es a menudo la actividad de la cual depende su vida. Por lo general, los indios trabajan rudimentariamente y viven mal. Su mejor amigo es la llama. Como bestia de carga no es un animal muy útil, pero provee a la gente de lana, cuero y carne. La carne de llama, salada y secada al sol, se llama *charqui*. Muchos indios cultivan maíz, y sobre todo papas, el producto principal de la agricultura andina. Hoy las papas se cultivan y se comen en todo el mundo pero poca gente sabe que son un alimento de origen andino. Las papas fueron introducidas en España y el resto de Europa en la segunda mitad del siglo XVI. Al principio no fueron bien recibidas, pero con el tiempo, los europeos llegaron a enamorarse de ellas.

# Bolivia

### Datos generales

*Área:* 424.165 millas² (1.098.581 km²); unas cuatro veces más grande que el estado norteamericano de Colorado

*Capital:* La Paz, situada en el altiplano andino, a una altitud de 12.795 pies (3.900 m)

*Población:* 6.716.000 (estimada en 1982)
   *Crecimiento anual:* 2,6 por ciento
   *Grupos étnicos predominantes:* indio y mestizo
   *Población capitalina:* 679.000; 10 por ciento del total

*Analfabetismo:* 50 por ciento

*Esperanza de vida:* 48 años

*Principal producto de exportación:* estaño (*tin*)

*Principales compradores:* Estados Unidos, Argentina

En los Andes peruanos y bolivianos, los indios celebran anualmente varios festivales que son famosos, como éste en Puno, a orillas del lago Titicaca. Allí, en la primera semana de diciembre, se conmemora el nacimiento de Manco Cápac y Mama Ocllo con un gran festival folklórico. (*Walter D. Hartsough*)

*Algunas figuras prominentes:* el héroe de la independencia Antonio José de Sucre (1795–1830); el historiador y novelista Alcides Arguedas (1879–1946)

A Bolivia se puede llegar cruzando el lago Titicaca, la legendaria cuna° de la civilización inca. El Titicaca se encuentra entre Perú y Bolivia; es el lago navegable más alto del mundo y el más grande de la América del Sur. Está a una altitud de más de dos millas (3 km), lo cual no tiene nada de extraordinario en una zona donde todo se encuentra a una altitud parecida. La ciudad de La Paz no está lejos del lago, y es la ciudad capital más alta del mundo. A tales alturas el aire tiene menos oxígeno y siempre hace frío. La temperatura media del agua del Titicaca es de 52 F. (11° C.). Estas tierras altas pertenecen a la región andina, la cual ocupa el oeste del territorio boliviano, mientras que el resto del país consiste en tierras bajas similares a las del Ecuador y del Perú. Dos terceras partes de la población boliviana reside en la región andina, en un altiplano escaso en animales y vegetación a causa de su elevadísima altitud. Bolivia también tiene un número considerable de indios, cuya alimentación depende, como en el Perú, de papas principalmente. En todo el mundo, el único lugar habitado

*cradle*

por el hombre a mayor altura que el altiplano boliviano es el Tibet en Asia. Para vivir en lugares así, hay que estar fisiológicamente adaptado a la altitud. De lo contrario, uno se cansa fácilmente y puede sufrir de náuseas y dolores de cabeza.

El actual territorio boliviano fue parte del Perú durante casi toda la época colonial. Entonces se llamaba Alto Perú. Lo que atrajo a los españoles a esa inhospitalaria y desolada región fue el haber encontrado en 1545 una fabulosa mina de plata situada en un cerro° a 13.200 pies (4.000 m) sobre el nivel del mar. Por su riqueza llegó a llamarse Cerro Rico y junto a él surgió Potosí, una de las ciudades coloniales más esplendorosas del Imperio Español. En 1660, Potosí era la ciudad más grande del Nuevo Mundo, con una población de 160.000 habitantes. Los potosinos dueños de minas tenían tanto dinero que decoraban sus mansiones con alfombras persas° y otros artículos igualmente finos y caros. Además, la ciudad les ofrecía numerosas atracciones: una de ellas eran las casas de juego.° Antes de la independencia, los españoles ya habían agotado los depósitos de plata en el Alto Perú. Sin embargo, la actual Bolivia sigue siendo un país minero. En el siglo presente, su economía ha dependido de la extracción de estaño.°

La república fue proclamada en 1825, como un homenaje a Simón Bolívar. Por eso, el nombre que se le dio fue «Bolivia». Su vida independiente ha estado dominada por lo que uno de sus ciudadanos° más ilustres, el historiador Alcides Arguedas, llama «el culto de la fuerza». Esta circunstancia hizo que el país se haya visto envuelto en conflictos de consecuencias desastrosas, como lo fue la Guerra del Pacífico que estalló en 1879 y duró hasta 1883. En esa guerra, el Perú y Bolivia fueron derrotados por Chile y, como consecuencia, la costa que pertenecía a Bolivia pasó a ser del vencedor.

Hasta ahora, los bolivianos no se han recuperado de tan deplorable pérdida. El derecho a poseer parte de la costa del Pacífico se ha convertido en una aspiración nacionalista que sirve de tema para discursos° políticos, celebraciones partióticas y hasta canciones populares, como una que dice, «Yo quiero un mar, un mar azul para Bolivia».

*hill*

*alfombras... Persian carpets*

*casas... gambling houses*

*tin*

*citizens*

*speeches*

# Chile

### Datos generales

*Área:* 292.258 millas² (756.945 km²); comparable a la del estado norteamericano de Texas

*Capital:* Santiago, situada en el centro del país, al oeste de
los Andes

*Población:* 11.905.000 (estimada en 1982)
*Crecimiento anual:* 2,4 por ciento
*Grupos étnicos predominantes:* mestizo y blanco
*Población capitalina:* 3.068.652; 26 por ciento del total

*Analfabetismo:* 10 por ciento

*Esperanza de vida:* 63 años

*Principal producto de exportación:* cobre

*Principales compradores:* Alemania (RF), Brasil, Japón

*Algunas figuras prominentes:* el conquistador Pedro de
Valdivia (¿1500?−1554); el poeta y soldado Alonso de
Ercilla (1533−1594); el héroe de la independencia
Bernardo O'Higgins (1776−1842); la poetisa Gabriela
Mistral (1809−1957); el poeta Pablo Neruda (1904−1978)

Chile tiene mucho de lo que a Bolivia le hace falta: unas 3.000
millas (4.800 km) de costa. Es un país largo y angosto,° como la
hoja° de un cuchillo. Su territorio se extiende de norte a sur, entre
el Pacífico y los Andes. Al otro lado de éstos está la Argentina. Chile
es el país andino que menos se parece a sus vecinos andinos del
norte. Muchos atribuyen esta diferencia al aislamiento que en
tiempos pasados caracterizaba a Chile. Era un país separado del
resto de Latinoamérica por el desierto de Atacama en el norte y los
Andes en el este. El nombre antiguo de Chile era *Chilli*, palabra
india que significa «último rincón° de la tierra».

El desierto de Atacama constituye la región más seca del
mundo, y es una continuación de la árida región costera del Perú.
Contiene ricos depósitos de cobre y nitrato natural, el recurso que
en el siglo pasado dio origen a la trágica Guerra del Pacífico. En
ese entonces, el nitrógeno no se producía por medios sintéticos, lo
cual hacía que el nitrato natural valiera mucho por su alto contenido de nitrógeno. Era usado como fertilizante y se exportaba a los
Estados Unidos, Europa e incluso a varios países latinoamericanos. Hoy la industria del cobre ha remplazado a la del nitrato.
Chile es el tercer productor mundial de cobre, después de los Estados Unidos y el Canadá.

La población chilena se concentra en el valle central, al sur del
desierto. Por su clima, vegetación y calidad de tierras, esta región
se parece a los valles más fértiles del estado norteamericano de
California. Los vinos chilenos, y las uvas mismas, son conocidos en
los Estados Unidos y otros países. En el valle central, y sobre todo

*narrow*
*blade*

último... *utmost corner,*
*end*

Madre e hija chilenas.
(*Batya Weinbaum /
UNICEF*)

más al sur, parte de la población es de origen inglés, irlandés, alemán o yugoeslavo, lo cual contribuye a diferenciar a Chile de sus vecinos andinos. El país también se diferencia por su madurez política y su adelanto cultural. Chile se ha caracterizado por un sistema de gobierno verdaderamente democrático, aunque en algunas ocasiones los militares han ocupado inconstitucionalmente el poder.

La conquista de Chile se realizó como una extensión de la del Perú. Estuvo a cargo de Pedro de Valdivia, comandante de una expedición que en 1540 partió de Cuzco hacia el valle central. Quienes entonces ocupaban ese valle eran los indios araucanos, un pueblo de guerreros formidables. Aunque vivían en un estado de desarrollo cultural inferior al de los incas o los aztecas, fue mucho más difícil derrotarlos. «Contra lo que pudiera imaginarse— observa el historiador Rufino Blanco Fombona—ocurrió que la conquista de los grandes imperios y su ulterior hispanización fue más fácil que la de las naciones bárbaras. Nada más dramático, en efecto, que la lucha contra los araucanos de Chile».* Como parte de su resistencia, arrasaron° la ciudad de Santiago seis meses *they leveled* después de haber sido fundada por Valdivia, y es problable que hubiera desaparecido para siempre sin la ayuda de Inés de Suárez, la amante del conquistador. Ella fue una mujer de energías sin límite,° dedicada a lograr la victoria de España. Su constante *sin... boundless* actividad, su inquebrantable° voluntad y su ferviente optimismo *unbreakable* sirvieron de ejemplo y consuelo° a muchos españoles varones. Por *consolation* paradójico que parezca, a los araucanos se les atribuye hechos de guerra que no llegaron a concebir pueblos indígenas más avanzados en su organización y en sus creencias. Siempre orgullosos de su independencia y de su fuerza, resistieron durante mucho tiempo el avance de los blancos. Continuaron siendo indomables hasta las últimas décadas del siglo pasado.

## Vocabulario

Complete las oraciones con la expresión que mejor le parezca de la lista a la derecha.

1. Ir de San Francisco a Nueva York es _____ los Estados Unidos de costa a costa.

2. Un oleoducto transporta _____.

3. *Ornamentación* es lo mismo que _____.

4. *Monte* y _____ son palabras sinónimas.

5. El tamaño de un objeto se puede conocer tomando sus _____.

decoración

aceite

condimento

petróleo

difícil

discursos

* *Rufino Blanco-Fombona,* El conquistador español del siglo XVI *(Madrid: Mundo Latino, 1922) pág. 276.*

6. El este de un país es la parte _____.

7. *Recordar* y _____ son verbos de significado contrario.

8. *Lujoso* y _____ son palabras sinónimas.

9. Los _____ ocurren cuando la tierra se mueve en forma brusca y rápida, con mucha fuerza.

10. El ajo es un _____.

11. *Arduo* y _____ son adjetivos que quieren decir lo mismo.

12. Para ser un buen político hay que saber dar _____.

13. Los _____ son instrumentos que sirven para cortar.

14. Durante siglos los araucanos no pudieron ser derrotados; fueron un pueblo _____.

atravesar

invencible

occidental

oriental

cuchillos

suntuoso

terremotos

llamas

medidas

montaña

encontrar

olvidar

## Preguntas y opiniones

1. ¿Qué gran hazaña fue realizada por José de San Martín y su ejército?

2. ¿Qué es «el soroche»? ¿Sabe qué lo causa?

3. ¿Cuáles son las tres regiones del Ecuador? ¿En cuál de ellas le gustaría a usted vivir? ¿Por qué?

4. ¿Por qué dijo Simón Bolívar que el Ecuador era como un convento?

5. ¿Son las regiones del Perú como las del Ecuador? ¿A qué le llaman *sierra* los peruanos? ¿Y *montaña*?

6. ¿Cuál es la más grande de las regiones peruanas?

7. ¿Cómo es la costa peruana?

8. Si usted fuera peruano, ¿preferiría vivir en la costa o en el interior andino? ¿Por qué?

9. ¿Cuáles son algunos de los recursos que posee el Perú?

10. ¿A qué se dedican los indios del Perú principalmente? ¿Por qué el mejor amigo de ellos es la llama?

11. Describa el lago Titicaca. ¿Le gustaría bañarse en sus aguas? ¿Por qué sí o por qué no?

12. ¿Cómo es el altiplano boliviano?

13. ¿Cómo se llamaba Bolivia en la época colonial?

14. ¿Que encontraron los españoles en Bolivia? ¿Cuáles fueron las consecuencias de ese hallazgo?

15. ¿Por qué Bolivia es un país sin costas?

16. ¿Qué recursos naturales han sido explotados en el desierto de Atacama?

17. ¿Quiénes fueron los araucanos?

## Actividad

Imagínese que trabaja en una agencia de publicidad donde tiene que preparar un folleto turístico sobre los cuatro países andinos presentados en este capítulo. Escoja un lugar de cada país que considere de interés turístico y haga una pequeña descripción de cada uno de ellos. Trate de dar a lo que escribe un toque profesional, es decir, haga lo posible por despertar en el lector interés y curiosidad.

# ☙17❧

El Brasil

## Datos generales

*Área:* 3.286.488 millas² (8.511.965 km²); comparable a la de los Estados Unidos

*Capital:* Brasilia, situada en el interior, al sur de la selva del Amazonas

*Población:* 131.550.000 (estimada en 1982)
  *Crecimiento anual:* 3,2 por ciento
  *Grupos étnicos predominantes:* mestizo, mulato
  *Población capitalina:* 763,254

*Analfabetismo:* 30 por ciento

*Esperanza de vida:* 59 años

*Principales productos de exportación:* café, mineral de hierro

*Principales compradores:* Estados Unidos, Alemania

*Algunas figuras prominentes:* el navegante Pedro Álvarez Cabral (¿1460–1518?); el escultor Aleijadinho (Antonio Francisco Lisboa) (1738–1814); el promotor de la inde-

pendencia Tiradentes (Joaquim José da Silva Xavier)
(1748–1792); el novelista Joaquim María Machado de
Assis (1839–1908); el sociólogo Gilberto Freyre (1900–);
el compositor Heitor Villa-Lobos (1884–1959); los novelistas Erico Veríssimo (1905–), Rachel de Queiroz
(1910–) y Jorge Amado (1912–); el pintor Candido
Portinari (1903–1962); el arquitecto Oscar Niemeyer
(1907–)

Siempre se ha dicho que el Brasil es un gigante, pero a la hora de describirlo no todo el mundo está de acuerdo. Algunos dicen que el gigante está dormido; otros, que ya despertó y está en camino de° llegar a ser una gran potencia mundial. Aunque parezca contradictorio, ambas interpretaciones son válidas porque el Brasil es un país de múltiples realidades, de mundos que se encuentran en diferentes etapas° de desarrollo. Mientras que São Paulo es una ciudad como Nueva York, llena de rascacielos,° en el interior de la selva amazónica todavía hay indios que viven en la prehistoria, cazando animales y recogiendo frutos.

en... *on its way to*

*stages*
*skyscrapers*

A primera vista, lo que más impresiona del Brasil es su inmensidad. En área y en población es el país más grande, no sólo de la América del Sur sino de toda la América Latina. En el este, las aguas del Atlántico bañan sus extensas costas; en el oeste, los demás países sudamericanos, con la excepción de Chile y Ecuador, rodean su territorio, formando un semicírculo.

## La historia de una colonia portuguesa

El Brasil es un gigante que se diferencia de sus vecinos no sólo por su tamaño sino por su herencia portuguesa. Fue colonizado por Portugal como resultado de un acuerdo internacional. En 1493, el papa° Alejandro VI dividió el mundo entre España y Portugal con el objeto° de evitar disputas entre ambas naciones. España y Portugal eran entonces las dueñas de los mares: Portugal había establecido rutas marítimas hacia las costas del África; España acababa de abrir una ruta hacia las tierras de América. La división del papa fue modificada y confirmada al año siguiente por el Tratado de Tordesillas. Éste permitió que Portugal tuviera el derecho de poseer una pequeña esquina° del Nuevo Mundo y de establecer allí la colonia que luego sería conocida como Brasil.

*Pope*
*purpose*

*corner*

Portugal no tomó posesión de sus tierras americanas hasta 1500, año en que el navegante portugués Pedro Álvarez Cabral descubrió las actuales tierras brasileñas. Se dice que fue un descubrimiento accidental, causado porque Cabral se alejó° demasiado de las costas del África. Pero algunos historiadores creen que, en realidad, Cabral fingió haber cometido un error de navegación con el objeto de mantener en secreto el verdadero destino de su viaje. Como quiera que haya sucedido,° la Corona portuguesa no le dio mayor importancia al territorio descubierto por Cabral. Portugal se encontraba entonces atendiendo° el comercio con la India y el Oriente, el cual había llegado a ser muy lucrativo.°

se... *went too far away*

Como... *However it happened*
*attending to*

*profitable*

Río de Janeiro ha dejado de ser la capital del Brasil, pero sigue siendo una de las ciudades más atractivas del mundo. Es famosa por sus playas (Ipanema y Copacabana), sus picos (el Corcovado y el *Pão de Açúcar*), su Carnaval y el entusiasmo de los *cariocas*. Así se llaman los habitantes de esta hermosa ciudad. (*OAS*)

Pasaron más de veinticinco años antes de que Portugal se interesara seriamente en el Brasil, de manera que su ocupación y colonización se pospuso° hasta 1530. Estas actividades no se desarrollaron con grandes conquistas épicas como las españolas. Los portugueses, más bien, hicieron algo parecido a lo que más tarde harían los ingleses en Norteamérica: se establecieron en pequeñas comunidades junto a la costa y se dedicaron a la agricultura. La colonia llegó a llamarse *Brasil* debido a uno de sus productos forestales, el llamado palo brasil,° que se exportaba a Europa, donde servía para hacer un tinte° rojo. Junto con el palo brasil (que, debido a su color, parecía una brasa°), los colonos° portugueses también exportaban azúcar y algodón. Estos tres eran los productos principales. Desde el principio, la nueva colonia se vio amenazada por las fuerzas de Inglaterra, Francia y Holanda, países rivales que en sucesivas oportunidades trataron de apoderarse del territorio que le correspondía a Portugal. Tanto los franceses como los holandeses llegaron a ocupar partes de dicho territorio, pero finalmente fueron expulsados° por los colo-

se... *was postponed*

palo... *brazilwood*
*dye*
*live coal* / *colonists*

*expelled*

nos portugueses. Los últimos en retirarse fueron los holandeses en 1654.

El movimiento de la costa hacia el interior comenzó con los llamados *bandeirantes*, quienes eran, en su mayoría, colonos mestizos, hijos de padre portugués y madre india. Los bandeirantes solían partir de São Paulo hacia el interior. Generalmente se internaban siguiendo el curso de los ríos, y el motivo principal de sus expediciones era cazar indios para hacerlos esclavos. Sin embargo, si hoy se los recuerda, no es por haberse dedicado a tan infame° actividad sino por haber contribuido de manera decisiva a la penetración y ocupación del interior del Brasil. Abrieron caminos, establecieron poblaciones e hicieron accesibles terrenos donde luego se descubrieron tesoros que Portugal había estado buscando desde hacía casi doscientos años: minas de oro y piedras preciosas. Por último, la expansión hacia el interior rebasó° los límites acordados por el Tratado de Tordesillas y terminó por establecer una colonia portuguesa prácticamente del mismo tamaño que el Brasil actual.

*infamous*

*went beyond*

La América portuguesa constituyó una colonia que se diferenció de las establecidas en la América española, debido principalmente a que la monarquía portuguesa no llegó a ser tan domi-

El monumento a los bandeirantes en la ciudad de São Paulo. (*OAS*)

nante como la española. En el campo de las relaciones entre indios y colonos, por ejemplo, no surgió un sistema como el de las encomiendas. Los dueños de las grandes haciendas (o *fazendas,* como se dice en portugués) llegaron a formar la clase dominante, sin que su poder estuviera sujeto a las limitaciones que los representantes de la monarquía y de la Iglesia trataron de imponer en las colonias españoles. En vez de controlar el desarrollo de su colonia, Portugal dejó que ésta se desarrollara a su manera, tal vez por falta de interés o tal vez porque comprendió que no contaba con los medios necesarios para hacer del Brasil una colonia modelo.

La forma en que el Brasil se independizó de Portugal tampoco se parece a la forma en que lo hicieron las colonias de España. En el Brasil, el grito que incitó a la independencia no fue dado por un humilde sacerdote, como pasó en México, ni por un grupo de criollos ricos, como en la Argentina. Los brasileños obtuvieron su independencia casi sin tener que derramar sangre,° ya que fue proclamada por un príncipe, nada menos que el hijo de Juan VI, rey de Portugal. Ocurrió así debido a que la familia real portuguesa se había exilado al Brasil en 1807, cuando comenzó la ocupación napoleónica de Portugal. Los ingleses le habían aconsejado a la monarquía portuguesa huir° a su colonia americana para evitar caer en manos de Napoleón.

La familia real se quedó en Río de Janeiro hasta 1821. Cuando volvió a Lisboa, Juan VI dejó a su hijo Pedro, el príncipe heredero,° en Brasil como regente. Pedro era un jóven de veintitrés años a quien su padre la había aconsejado antes de partir: «Si los brasileños te piden la independencia, dásela, pero ponte en tu propia cabeza la corona.» Y esto fue precisamente lo que hizo el príncipe Pedro al año siguiente de haber partido su padre. Pedro declaró la independencia del Brasil el 7 de septiembre de 1822, hecho que se conoce como el *Grito do Ypiranga.* Luego se hizo coronar emperador el primero de diciembre y, con el nombre de Pedro I, comenzó a gobernar un Brasil independiente.

## El Brasil de hoy

Afortunadamente, después de la independencia, en el Brasil no ocurrió lo que pasó en Hispanoamérica: el Brasil no se fragmentó en una cadena° de pequeñas repúblicas ni sufrió una sucesión de desastrosas luchas internas sino al contrario. El régimen monárquico fue ampliamente aceptado y tuvo una larga duración de casi setenta años. Así se evitó la anarquía política y el separatismo.

*derramar… to shed blood*

*to flee*

*príncipe… heir apparent*

*chain*

Cuando la monarquía finalmente perdió apoyo, en 1889, el Brasil dejó de ser un imperio y se convirtió en una república, después de un golpe militar. Desde entonces, las fuerzas armadas han dominado la vida política de la nación en varias ocasiones.

En el Brasil de hoy, la explosión demográfica ha creado una situación como la que existe en casi todos los demás países latinoamericanos: una población superior a los recursos disponibles, con exceso de jóvenes y escasez de adultos. La región más poblada sigue siendo la costa, a pesar de los esfuerzos por ocupar y poblar el interior. Las ciudades costeras continúan creciendo más rápidamente que las demás.

Brasilia, la nueva y ultramoderna capital, inaugurada en 1960, ha contribuido a fomentar el desarrollo del interior del país, pero es una ciudad que carece del encanto que tiene Río de Janeiro y de las oportunidades de trabajo que ofrecen las plantas industriales que se encuentran en São Paulo y sus alrededores.

La ciudad de São Paulo es el México, D.F., de la América del Sur, ya que está creciendo con la misma rapidez que la capital mexicana, y su área metropolitana ya tiene más de trece millones de habitantes. Sus fábricas producen toda clase de artículos, desde cosméticos y zapatos hasta maquinaria agrícola y automóviles.

São Paulo es también una ciudad que refleja la composición racial del Brasil. Este inmenso país da la impresión de ser un lugar donde se han encontrado y mezclado todas las razas del mundo a partir de la llegada de los portugueses y, luego, de los negros. El conocido sociólogo brasileño Gilberto Freyre ha escrito que «en la formación del país, los negros fueron la mano derecha, y los portugueses y los indios, la izquierda.»

Con relación a los negros y a los indios, la historia del Brasil se parece a la de las Antillas. En ambos lugares los colonos europeos adquirieron esclavos negros importados del África para sustituir a los indios, quienes demostraron poseer poca resistencia física o prefirieron huir al interior antes que morir como víctimas del trabajo forzado. Los negros comenzaron a llegar al Brasil alrededor de 1530; en el transcurso de los tres siglos coloniales llegaron a formar un grupo racial estimado entre los cuatro y seis millones de personas. Como en las Antillas, fueron puestos a trabajar en las plantaciones e ingenios de azúcar. Más tarde, también extrajeron oro y diamantes de las minas. Por otra parte, la población india, bastante numerosa a la llegada de los portugueses, se fue reduciendo. La que quedó se fue retirando hacia el interior, de manera que en la actualidad el número de indios brasileños no llega al medio millón. Habitan áreas selváticas remotas en el

Volkswagens hechos en el Brasil, país donde la proporción entre automóviles y habitantes es alta comparada a la de otros países de Latinoamérica. En el Brasil hay un automóvil para cada dieciséis personas. (© *Bruno Barbey / Magnum Photos*)

oeste y en el norte del país, donde viven en condiciones primitivas, casi como vivían sus antepasados.

Actualmente, mucho más númeroso que el grupo indígena es el grupo de brasileños que son descendientes de inmigrantes recientes: españoles, italianos, alemanes, árabes y hasta japoneses. Todos ellos han contribuido al mestizaje racial y cultural que es el Brasil.

En el aspecto físico, el Brasil se caracteriza por ser un país de ríos y altiplanos llamados *planaltos* en portugués. Están situados a una altura que por lo general no pasa de los 2.600 pies (800

Estas figuras de cerámica muestran la influencia africana en el arte folklórico brasileño. (*Virginia Ferrero*)

metros), y los más importantes ocupan el centro y el sur del país. El norte y el oeste están dominados por la cuenca del río Amazonas y sus tributarios. Ésta es la región selvática que se extiende más allá de las fronteras territoriales del Brasil, penetrando en partes de Venezuela, Colombia, Ecuador, Perú y Bolivia. El río Amazonas nace en los Andes peruanos y atraviesa todo el Brasil hasta desembocar en el Atlántico, donde vierte° una quinta parte de las aguas que de todos los ríos del mundo reciben los océanos. El Brasil es el primer productor de café en el mundo y también el primero en depósitos de mineral de hierro. Tanto la agricultura como la industria están muy desarrolladas en el centro y el sur del país, y se está trabajando activamente para lograr que el resto del país sea igualmente productivo. Cuando esto se logre, el Brasil llegará a cumplir lo que siempre ha considerado como su vocación: ser una gran potencia mundial.

*it empties*

## Vocabulario

Diga si los siguientes pares de palabras son sinónimos o antónimos. Luego use una palabra de cada par en una oración original.

| | |
|---|---|
| 1. dormido / despierto | 7. parecido / diferente |
| 2. dividir / repartir | 8. intentar / tratar de |
| 3. ambos / los dos | 9. infame / noble |
| 4. luego / más tarde | 10. aconsejar / sugerir |
| 5. partir / salir | 11. altura / elevación |
| 6. huir / escapar | 12. mezclar / combinar |

## Preguntas y opiniones

1. Describa la posición geográfica del Brasil. ¿Por qué es un país de múltiples realidades?

2. ¿Por qué el Brasil fue colonizado por los portugueses y no por los españoles?

3. ¿Que navegante descubrió el Brasil? ¿Cómo pasó esto?

4. ¿Cómo se diferenció la colonización del Brasil de la de Hispanoamérica?

5. Durante la colonia, ¿cuáles fueron los productos principales del Brasil?

6. ¿Quiénes fueron los bandeirantes? ¿Qué hicieron?

7. ¿Había un sistema como el de las encomiendas en el Brasil colonial?

8. ¿Por qué se había exilado al Brasil la familia real portuguesa en 1807?

9. ¿Qué fue el Grito de Ypiranga? ¿Fue la independencia del Brasil un hecho traumático, como lo fue la independencia de las colonias españolas?

10. ¿Cómo se evitó el separatismo y la anarquía política en el Brasil después de la independencia?

11. ¿Dónde vive la mayor parte de los brasileños? ¿Por qué?

12. Describa las ciudades de Brasilia, São Paulo y Río de Janiero. ¿En cuál de éstas le gustaría a usted pasar unas vacaciones?

13. ¿Hay una gran población de indios en el Brasil? ¿Dónde viven los indios? ¿Por qué?

14. ¿De qué origen son los inmigrantes recientemente llegados al Brasil? ¿Sería apropiado decir que el Brasil es un mosaico de razas y culturas?

15. Popularmente se dice que el Brasil es el país del futuro. ¿Está usted de acuerdo o no? ¿Por qué?

## Actividad

¿Qué aspecto del Brasil le gustaría conocer mejor? Escoja uno de los siguientes temas y haga un breve informe.

1. las relaciones entre las diferentes razas
2. la celebración del Carnaval en Río de Janeiro
3. la colonización de la selva amazónica
4. las industrias principales del país
5. los pueblos indígenas
6. la historia de los negros en el Brasil

# ❧18❧

## Los países
## del Río
## de la Plata

El área cuyo rasgo geográfico sobesaliente es el Río de la Plata se extiende al sur de Bolivia y del Brasil. Es la única área de habla española en toda la América del Sur que está orientada hacia el Atlántico. Es también el área de Latinoamérica menos visitada por la gente de los Estados Unidos, ya que se encuentra muy distante. De hecho, todos los países europeos están más cerca de Nueva York que los tres países rioplatenses.

El nombre *Río de la Plata* no es imagen poética para exaltar el color de sus aguas sino que proviene de las ideas de Sebastián Caboto, un navegante que se internó en° el río creyendo que ésa era una ruta hacia cuantiosos depósitos de plata. En 1530, Caboto regresó a España con las manos vacías.

Los españoles nunca llegaron a comprender que la gran rique-za del territorio rioplatense eran sus tierras privilegiadas, las extensas praderas hoy dedicadas a la explotación agropecuaria.° Estas tierras no sólo son fértiles sino además accesibles, gracias a los ríos. El Río de la Plata no es en realidad un río, sino un estuario en el que desembocan los ríos Parana–Paraguay y

se... *went up*

*of cattle and crops*

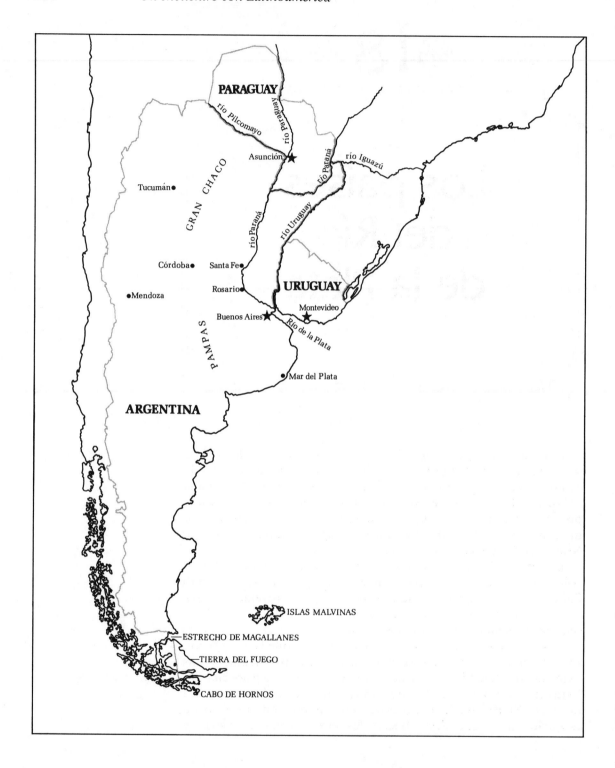

Uruguay, los cuales forman parte de un sistema fluvial cuya importancia económica es comparable a la del Misisipí en los Estados Unidos. La ruta más importante para el comercio de la región llega hasta Curumbá, en el Brasil, a 1.800 millas (2.880 kilómetros [kms]) del Atlántico. Por esta ruta navegan barcos que transportan trigo, carnes, cueros y lana: los productos tradicionales de esas tierras. Los ríos también marcan parte de los límites territoriales de los tres países en que se divide esta área. Dos de ellos, Paraguay y Uruguay, son pequeños y poco conocidos. El tercero es la Argentina, uno de los principales países de la América Latina. Las tierras rioplatenses se diferencian de las andinas no sólo por su geografía sino también por las características étnicas y culturales de la gente que las habita. Aislada del resto de Hispanoamérica por los Andes al oeste y el Brasil al norte, el área del Río de la Plata ha mirado más hacia Europa que hacia los vecinos con quienes comparte su herencia hispánica. Culturalmente, la influencia de Francia ha sido mayor que la de España, y económicamente, la influencia de Inglaterra, mayor que la de los Estados Unidos.

# Paraguay

## Datos generales

*Área:* 157.048 millas² (406.752 km²), unas tres veces más grande que el estado norteamericano de Nueva York

*Capital:* Asunción, situada a orillas del río Paraguay, a más de 750 millas (1.200 km) del Océano Atlántico

*Población:* 2.984.000 (estimada en 1982)
  *Crecimiento anual:* 3,2 por ciento
  *Grupo étnico predominante:* mestizo
  *Población capitalina:* 305.160; 10 por ciento del total

*Analfabetismo:* 18 por ciento

*Esperanza de vida:* 61 años

*Principales productos de exportación:* maderas, carne

*Principales compradores:* Alemania (RF), Japón

*Algunas figuras prominentes:* el político José Gaspar Rodríguez de Francia (1766–1840); el escritor Augusto Roa Bastos (1918–); la poetisa Josefina Plá (1909–)

El Paraguay es el menos desarrollado de los países rioplatenses. Ha vivido aislado, no sólo por su posición geográfica sino también por voluntad de quienes lo han regido dictatorialmente, como el Dr. Francia, su primer gobernante. Francia ordenó el cierre de fronteras y prohibió el tráfico marítimo entre Asunción y Buenos Aires. Geográficamente es un país mediterráneo, como Bolivia, y está rodeado de dos poderosos vecinos: el Brasil y la Argentina. Tiene una salida al mar a través del río que también se llama Paraguay y que desemboca en el Paraná y éste, a su vez, en el Río de la Plata.

El río Paraguay cruza el país de norte a sur, dividiéndolo en dos partes. Casi todos los paraguayos viven al este del río. La parte al oeste ocupa el 60 por ciento de la superficie territorial, pero es una región inhospitalaria, que apenas tiene habitantes. En esta parte del país se extiende el Chaco, donde existe una colonia menonita° y algunas tribus de indios todavía en estado nómada. El Chaco es una llanura tropical, dominada por la sequía en el verano y por las inundaciones en el invierno. En la llamada Guerra del Chaco (1932–1935), Paraguay y Bolivia se disputaron parte de estas tierras, creyendo que eran ricas en depósitos de petróleo. Fue una guerra absurda en la que Paraguay derrotó a Bolivia y, por consi-

*Mennonite (Protestant religious group)*

guiente, ganó el territorio disputado, no sin antes haber perdido las dos terceras partes de su población masculina.

El Paraguay tiene dos lenguas oficiales y casi toda la población es bilingüe: habla español y guaraní, la lengua del grupo principal de indios que vivían en las riberas° del río cuando llegaron los españoles. El nombre *Paraguay* es un término guaraní que significa «río de los hombres que vienen del mar».

*banks*

# Uruguay

### Datos generales

*Área:* 68.536 millas$^2$ (177.508 km$^2$); unas dos veces más grande que el estado norteamericano de Maine

*Capital:* Montevideo, situada en la ribera al norte del Río de la Plata

*Población:* 3.331.000 (estimada en 1982)
  *Crecimiento anual:* 1,2 por ciento
  *Grupo étnico predominante:* blanco
  *Población capitalina:* 1.202.890; 36 por ciento del total

*Analfabetismo:* 6 por ciento

*Esperanza de vida:* 68 años

*Principales productos de exportación:* lana, carne

*Principales compradores:* Brasil, Estados Unidos

*Algunas figuras prominentes:* el héroe de la independencia José Gervasio Artigas (1764–1850); el ensayista José Enrique Rodó (1871–1917); el cuentista Horacio Quiroga (1878–1937); las poetisas Delmira Agustini (1886–1914) y Juana de Ibarbourou (1895–1980)

Uruguay está situado a orillas del Atlántico y del Río de la Plata, ocupando un territorio que bien podría haber sido parte de la Argentina o del Brasil. Pero no sucedió así, en parte por la invencible determinación de los uruguayos a constituirse en una entidad política independiente, y en parte por la presión ejercida por Inglaterra para que tanto el Brasil como la Argentina reconocieran la independencia de Uruguay en 1828.

El interior de Uruguay está poco poblado, ya que los uruguayos prefieren vivir concentrados en la costa, especialmente en Montevideo y sus alrededores. El país es predominantemente ganadero, de manera que las tierras del interior están reservadas para los toros, las vacas y, en particular, las ovejas. Hay un promedio de 8,4

Las ovejas constituyen el recurso económico más importante de Uruguay. (*Government of Uruguay*)

ovejas por habitante. El único país del mundo que supera esta proporción es Nueva Zelanda.

El ganado ocupó las praderas uruguayas, lo mismo que las argentinas, antes que los seres humanos. En el Uruguay, los primeros animales fueron soltados° por los españoles alrededor de 1611, *let loose* en un lugar apropiadamente llamado Las Vacas. En menos de medio siglo, millares° de animales cimarrones° llegaron a ocupar *thousands / wild* el actual territorio uruguayo, convirtiéndolo en el paraíso de la vaquería.

En el presente siglo el Uruguay se ha distinguido como un país ejemplar,° aunque en los últimos años su deterioro económico y la *exemplary, model* intervención de los militares en su vida política han hecho que se parezca más a sus vecinos. Durante muchos años fue considerado como una nación realmente libre y democrática, un modelo de orden, estabilidad y paz, con una legislación social muy avanzada.

Era un estado paternalista° que ofrecía excelentes servicios públicos y un sistema de seguridad social muy favorable para los trabajadores, hasta que los recursos económicos del estado se agotaron.
Surgió entonces una crisis económica que arruinó la privilegiada
situación política y social del país. Sin embargo, sigue contando
con una población homogénea, muy instruida° y cuyo modesto
crecimiento no representa ninguna amenaza para el futuro del
país.

*estado… welfare state*

*well educated*

# Argentina

### Datos generales

*Área:* 1.072.163 millas² (2.776.889 km²); comparable a la
tercera parte del territorio continental de los Estados
Unidos

*Capital:* Buenos Aires, situada en la ribera sur del Río de la
Plata

*Población:* 27.768.000 (estimada en 1982)
*Crecimiento anual:* 1,5 por ciento
*Grupo étnico predominante:* blanco
*Población capitalina:* 8.925.000; 32 por ciento del total

*Analfabetismo:* 2 por ciento

*Esperanza de vida:* 68 años

*Principales productos de exportación:* carne, trigo, lana

*Principales compradores:* Holanda, Brasil, Italia

*Algunas figuras prominentes:* los conquistadores Pedro de
Mendoza (¿1487?–1537) y Juan de Garay (¿1527?–1583);
el Libertador José de San Martín (1778–1850); el político y escritor Domingo Faustino Sarmiento (1811–
1888); el poeta gauchesco José Hernández (1824–1886);
el cuentista Jorge Luis Borges (1899–); los novelistas
contemporáneos Julio Cortázar (1914–) y Ernesto
Sábato (1911–); el compositor Alberto Ginastera (1916–)

La Argentina ocupa casi toda el área rioplatense; por su extensión, es el país de habla española más grande del mundo, pero su
población es menor que la de México o la de España. Su nombre se
deriva de la palabra latina *argentum*, que significa «plata», el
metal que los españoles creían que iban a encontrar en este territorio. Cuando llegaron, éste estaba habitado por diversas tribus de
indios, la mayoría de las cuales vivían en un estado nómada,

dedicadas a la caza y la pesca. Eran indios primitivos que, como los araucanos en Chile, resistieron poderosamente la penetración española. El primero en llegar al Río de la Plata fue Juan Díaz de Solís, en 1516, cuando los grandes navegantes de España y Portugal seguían empeñados en encontrar° una ruta marítima occidental que los condujera a las ricas tierras del Asia. Solís desembarcó en las actuales costas uruguayas y, en nombre de España, tomó posesión de las tierras que se extendían frente a él. Pero eso fue todo. Unos dicen que a Solís se lo comieron los indios; otros, que solamente lo mataron. Cuatro años más tarde, en 1520, otro navegante más afortunado que Solís logró descubrir la tan anhelada° ruta. Este navegante fue Fernando de Magallanes, un portugués al servicio de la Corona española. Al principio Magallanes pensó que el Río de la Plata era el camino que buscaba, pero luego se dio cuenta de que sus aguas eran dulces° y no saladas. Su expedición dejó de explorarlo y continuó hacia el sur, bordeando el continente. Finalmente, al norte de la isla de Tierra del Fuego, Magallanes y sus hombres hallaron el estrecho que les permitió pasar de un océano a otro y que hoy, en su honor, se llama Estrecho de Magallanes.

Como la plata no apareció nunca, los españoles tuvieron poco interés en establecerse en las actuales tierras argentinas. La política mercantilista de la Corona española retrasó aun más su desarrollo, ya que Buenos Aires (fundado en 1580) se vio obligado a comerciar durante casi toda la época colonial a través de Lima, sin poder aprovechar su posición como puerto marítimo para comerciar libre y directamente con quien quisiera. Las cosas cambiaron hacia el final del período colonial. En 1776 España creó el virreinato del Río de la Plata, y se decretó la libertad de comercio bajo el primer virrey.

Buenos Aires pasó a ser° una capital virreinal, la sede de las autoridades encargadas de gobernar un vasto territorio: lo que hoy es la Argentina, Uruguay, Paraguay y Bolivia. Pero el virreinato del Río de la Plata duró poco. Al igual que en otras partes de la América española, el movimiento en favor de la independencia comenzó con la formación de un gobierno local en Buenos Aires para gobernar en nombre del rey Fernando VII, depuesto por Napoleón. Dicho gobierno fue organizado el 25 de mayo de 1810, fecha que los argentinos celebran como su Día de la Independencia. Sin embargo, no fue sino hasta 1816 que un congreso de diputados reunido en Tucumán, cerca de los Andes, declaró oficialmente la independencia y la formación de las Provincias Unidas de América del Sur. Comenzó entonces la lucha por la dominación de la vasta región que había formado el virreinato del

*seguían... were still intent on finding*

*tan... so eagerly desired*

*fresh*

*pasó... became*

El habitante típico de la Argentina es el gaucho. Antes del desarrollo económico de la pampa, los gauchos vivían en los campos abiertos, como nómadas. Hoy, generalmente viven y trabajan en las estancias. El gaucho de antes ha pasado a ser un símbolo nacional y un personaje literario. (*OAS*)

Río de la Plata. En cada provincia apareció un caudillo dispuesto a gobernar su pedazo de tierra, y a evitar que fuera sometido a la autoridad de Buenos Aires. No hubo manera de crear una constitución efectiva que pudiera satisfacer a todos.

El resultado inmediato de la independencia fue la guerra permanente de unos caudillos contra otros. Finalmente surgió un caudillo supremo que pudo controlar a todos los demás. Este hombre, Juan Manuel de Rosas, puso fin a la anarquía, gobernando bajo un régimen de terror que duró diecisiete años (1835–1852). El más famoso de sus opositores fue el distinguido político y escritor Domingo Faustino Sarmiento. En sus escritos expuso que la deplorable situación argentina se debía básicamente a un encuentro conflictivo: el choque° de la barbarie natural de la pampa con la civilización traída de Europa. La difícil consolidación nacional se logró por fin en la segunda mitad del siglo XIX.

*collision*

La gente más afectada por el conflicto entre la barbarie y la civilización fueron los *gauchos* que es como se les llama a los vaqueros° argentinos y uruguayos. En el siglo XIX los gauchos eran la gente de la zona fronteriza entre el campo y la ciudad, entre la cultura primitiva de América y la importada de Europa. Habitaban las llanuras donde no había nada que limitara sus acciones; las vacas y los caballos hacían posible sus vidas. Los gauchos de entonces eran vaqueros-cazadores; dejaron de existir cuando la civilización penetró en la pampa.

*cowboys*

Hoy la región más desarrollada de la Argentina es la pampa, que se extiende desde Buenos Aires hacia el interior del país. La Argentina, como los Estados Unidos, fue una nación que abrió sus puertas a la inmigración europea en el siglo XIX. La pampa comenzó a desarrollarse con la llegada de los primeros europeos y del capital inglés. Los ingleses invirtieron mucho dinero en la Argentina; una de sus grandes contribuciones al desarrollo nacional fue la construcción de una vasta red de ferrocarriles° que puso en contacto a Buenos Aires con toda la pampa. Los ingleses también contribuyeron al desarrollo de la industria ganadera, introduciendo animales y pastos° de mejor calidad. En los últimos años del siglo XIX, esta industria alcanzó una prosperidad sin precedentes porque la aparición de barcos refrigerados en la navegación transatlántica abrió nuevos mercados internacionales para la carne argentina. Fue entonces posible exportarla a Inglaterra y al resto de Europa.

*red... railroad network*

*food for grazing animals*

Desafortunadamente, la Argentina de hoy no ha podido superar una crisis económica y política que ha durado varios años. A pesar de sus grandes recursos naturales y de su población homogénea e instruida, la Argentina ha sido incapaz de crear instituciones democráticas y de dirigir su economía de la manera más favorable. Pocas son las ocasiones en que la vida política de la nación no ha estado dominada por caudillos y militares. Los argentinos quisieran que su nación fuera una de las primeras del mundo, pero los conflictos internos no han facilitado la realización de este deseo.

## Vocabulario

Busque en la columna de la derecha un sinónimo de cada palabra que está en la columna de la izquierda.

1. instruido      a. área
2. orilla         b. culto

   3. numeroso      c. retrasar
   4. cimarrón       d. salvaje
   5. superficie     e. repartir
   6. penetrar       f. perteneciente a los ríos
   7. soltar          g. cuantioso
   8. retardar       h. poner en libertad
   9. comparitir     i. ribera
  10. fluvial        j. internarse

## Preguntas y opiniones

1. ¿A qué se refiere el nombre *Río de la Plata*?

2. ¿Cuál es la gran riqueza de las tierras rioplatenses?

3. ¿Qué países extranjeros han tenido más influencia en el área del Río de la Plata?

4. ¿Por qué fue aislado el Paraguay? ¿En qué se parece a Bolivia?

5. ¿Qué es el Chaco? ¿Dónde está? ¿Por qué lucharon Paraguay y Bolivia por este territorio?

6. ¿Qué lenguas se hablan en el Paraguay?

7. ¿Cuál es la industria principal del Uruguay?

8. ¿Por qué fue considerado Uruguay un país ejemplar durante muchos años? ¿Qué cambió esta situación?

9. ¿Qué clase de indios encontraron los españoles en la Argentina?

10. ¿Quién fue Juan Díaz de Solís? ¿Qué le pasó?

11. ¿Por qué es famoso Fernando de Magallanes?

12. ¿Qué tuvo prohibido hacer Buenos Aires durante casi toda la época colonial? ¿Cuál fue el efecto de esa prohibición en su desarrollo?

13. ¿Cuál es la región más desarrollada de la Argentina? ¿Cómo comenzó a desarrollarse?

14. ¿Tiene gobiernos democráticos la Argentina?

15. ¿Cuál de los países rioplatenses le gustaría más a usted visitar? ¿Por qué?

## Actividad

Haga un breve informe sobre uno de los siguientes temas:

1. la oposición entre Juan Manuel de Rosas y Domingo Faustino Sarmiento

2. la evolución del estilo de vida de los gauchos

3. el efecto de la posición geográfica de la Argentina (está más cerca del África que de cualquier otro continente); las ventajas y desventajas de dicha posición

4. las islas Malvinas y la lucha entre la Argentina e Inglaterra por la posesión de ellas

5. el Paraguay: un país bicultural, guaraní-español

# Vocabulario

This vocabulary lists most of the words that appear in this book. Not included are subject pronouns and exact and obvious cognates, adverbs ending in **-mente** when the adjective form is listed, and words used once in the text and defined there. Entries are listed according to Spanish alphabetical order: **ch** comes after **c**, **ll** after **l**, and **ñ** after **n**.

As a rule, verbs appear in the infinitive; however, some irregular forms and some past participles are included. Notations referring to spelling changes and stem changes are given in parentheses after the infinitive. For example, **buscar (qu); pensar (ie)**. Gender of nouns is indicated with the articles **el** or **la**; plural with the articles **los** or **las**. Adjectives appear in the masculine singular form. Idioms and expressions are generally listed under the main word, often a noun or a verb.

The following abbreviations have been used:

| | |
|---|---|
| *adj.* | adjective |
| *f.* | feminine |
| *ger.* | gerund (-ing form) |
| *inf.* | infinitive |
| *pl.* | plural |

## A

**a** to; at; for; on; in; into; by; from

**abajo** down, underneath, below

**abandonar** to abandon, leave

el **abanico** fan; spectrum

**abierto** open

el **abismo** abyss; gap

el **abogado** lawyer

**abril** April

**abrir** to open

**abrumador** overwhelming

el **absolutismo** absolutism

**absolutista** absolutist

**absoluto** absolute; **en absoluto** at all

**absorber** to absorb

**abstracto** abstract

**absurdo** absurd

el **abuelo** grandfather; la **abuela** grandmother; los **abuelos** grandparents

la **abundancia** abundance

**abundante** abundant, plentiful

**abundar** to abound

**abusivo** abusive

el **abuso** abuse

**acabar** to finish, end; **acabar con** to end in; to finish off; **acabar de** to have just; **acabar por** to end by

**accesible** accessible

el **acceso** access

el **accidente** accident

la **acción** action

el **aceite** oil

**acentuado** accented; made more prominent

**absurdo** absurd

**aceptar** to accept

**acerca de** about, with regard to

**acomodar** to accommodate

**acompañar** to accompany

**aconsejar** to advise

el **acontecimiento** happening, event

el **acorazado** battleship

**acordar (ue)** to decide, agree upon

**acorde** *(adj.)* in accord; harmonious

la **actitud** attitude

la **actividad** activity

**activo** active

el **acto** act; event

la **actuación** activity, performance; behavior

**actual** present; current; present-day

la **actualidad** present time; **en la actualidad** at present, nowadays

**actualizar** to bring up to date

**actualmente** at present

**actuar** to act, perform

**acudir** to resort (to)

el **acuerdo** agreement; **de acuerdo con** according to; **estar de acuerdo** to be in agreement, agree

**acumulado** accumulated, gathered

la **acusación** accusation

**acusar** to accuse

la **adaptación** adaptation

**adaptado** adapted, fitted

**adecuado** fitting, suitable

**adelantarse** to get ahead

**adelante** ahead, forward; **salir adelante** to move ahead; **de allí en adelante** from then on

el **adelanto** progress; advance; advancement

**además** moreover, besides; **además de** besides, in addition to

el, la **adherente** proponent, follower

**adicional** additional

**adinerado** wealthy

el **adjetivo** adjective

la **administración** administration

el **administrador** administrator

**administrar** to administrate

**administrativo** administrative

la **admiración** admiration

**admirado** admired

la **adolescencia** adolescence

**adoptar** to adopt

**adornar** to adorn, embellish

el **adorno** adornment, embellishment

**adquirir (ie)** to acquire

el **adulto** adult; *(adj.)* mature

el **adversario** adversary

**adverso** adverse

**aéreo** *(adj.)* air; **fuerza aéreo** air force; **línea aéreo** airline

el **aeropuerto** airport

el **afán** eagerness

**afectar** to affect

**afirmar** to affirm, assert

**afirmativo** affirmative

**aflorar** to crop

el **afluencia** influx, inflow

**afortunado** fortunate

**afuera** outside

el **agencia** agency

la **agitación** agitation; turmoil

**agitarse** to shake up, to become excited

**aglomeración** agglomeration

**agosto** August

**agotar** to use up, wear out, exhaust

**agradable** agreeable

**agrandar** to enlarge

**agrario** agrarian, agricultural

**agravar** to aggravate

**agregar** to add

**agresivamente** aggressively

**agrícola** agricultural

el **agricultor** farmer

la **agricultura** agriculture

**agroindustrial** agribusiness

**agropecuario** farming and cattle raising

**agrupar** to group

el **agua** *(f.)* water

el **aguacate** avocado

el **águila** *(f.)* eagle

**ahí** there

**ahora** now

el **aire** air, wind

**aislado** isolated

el **aislamiento** isolation

**ajeno** foreign; alien

el **ajo** garlic

**al** to the; at the; into the; upon

el **ala** *(f.)* wing

**alarmante** alarming

**alborotado** agitated, excited

**alcanzar** to reach, to attain

**alcohólico** alcoholic

la **aldea** village

el **alegato** argument

**alegre** joyful, cheerful

**alemán, alemana** German

**Alemania** Germany

el **alfabeto** alphabet

la **alfarería** pottery

el **alfarero** potter

la **alfombra** carpet, rug

**algo** something; somewhat

el **algodón** cotton

**algún** some; any

**alguno** some; any

el **aliado** ally; *(adj.)* allied

la **alianza** alliance

**aliarse** to become allied to, to form an alliance

**alimentar(se)** to feed, nourish

el **alimento** food, nourishment

el **alma** *(f.)* soul

el **almirante** admiral

**alrededor de** around; about; los **alrededores** outskirts

**alterar** to alter, unsettle

el **altiplano** high plateau

la **altitud** altitude

**alto** high, tall; **tierras altas** highlands

la **altura** height, altitude

**allá** there; over there; **más allá** beyond

**allí** there; **de allí en adelante** from then on; **hasta allí** so far

el, la **amante** lover; *(adj.)* fond, loving

**amarillo** yellow

la **ambición** ambition

**ambiental** environmental

el **ambiente** atmosphere; environment; **medio ambiente** environment

el **ámbito** field

**ambivalente** ambivalent

**ambos** both

**ambulante** traveling; **vendedor ambulante** street vendor

la **amenaza** threat, menace

**amenazado** threatened

**ameno** pleasant, charming

el **amigo**, la **amiga** friend

**aminorar** to lessen, diminish; to weaken

la **amistad** friendship, kindness

el **amo** master; boss

**amplio** full, ample

el **analfabetismo** illiteracy

el **analista** analyst

**analizado** analyzed

la **anarquía** anarchy

**ancho** wide, full

**andino** Andean

la **anécdota** anecdote

la **anexión** annexation

**anglosajón, anglosajona** Anglo-Saxon

**angosto** narrow

la **angustia** anguish, distress

**anhelar** to crave, to desire eagerly

el **anhelo** yearning
**animado** lively, animated
el **ánimo** spirit; courage
**anotar** to annotate; to note
el **antagonismo** antagonism
**ante** before; in the presence of, in the face of
**anteceder** to precede
los **antepasados** ancestors; *(adj.)* before, last
**anterior** previous, preceding
**antes** before; previously; earlier; **antes de** before
**anticlerical** opposed to the influence of the clergy in public affairs
**anticonceptivo** contraceptive
**anticuado** obsolete; antiquated
**antiguo** old, ancient
el **antónimo** antonym
la **antropología** anthropology
el **antropólogo** anthropologist
**anual** annual
**anunciar** to announce, to advertise
el **anuncio** announcement; advertisement, commercial
el **año** year; **tener (dos) años** to be (two) years old
**aparecer (zc)** to appear
**aparente** apparent
la **aparición** appearance; apparition
la **apariencia** appearance, aspect
**apartarse** to separate
**aparte** separate
**apasionado** passionate
el **apellido** surname, last name
**apenas** scarcely, hardly; with difficulty
la **apertura** opening
la **aplicación** application
**aplicar** to apply
**apoderarse** to seize, take possession of
**aportado** contributed, provided
el **aporte** contribution
el **apóstol** apostle
**apoyar** to lean, rest, support; **apoyarse** to be supported, to depend
el **apoyo** support
**apreciablemente** apreciably

la **apreciación** appreciation
**aprender** to learn
**apresurarse** to hasten to, hurry to
**aprisionar** to imprison
la **aprobación** approval
**aprobar (ue)** to approve
**apropiado** appropriate
el **aprovechamiento** advantage; profit
**aprovechar** to make use of, to benefit from; **aprovecharse de** to take advantage of
**aproximadamente** approximately
**apto** suitable
**aquejar** to weary; to afflict
**aquel** that; **en aquel entonces** at that time
**aquella** that; **aquellos, aquellas** those
**aquí** here
**árabe** Arab
el **arahuaco** pre-Columbian language
**araucano** Araucanian
**arbitrario** arbitrary
el **árbol** tree
**arduo** arduous, hard
**argumentarse** to make an argument
el **argumento** argument
la **aridez** dryness, aridity
**árido** dry, arid
la **aristocracia** aristocracy
el **arma** (*f.*) weapon, arm
la **armada** fleet, navy
**armado** armed
la **armadura** armor
**armonioso** harmonious
el **aro** ring; hoop
el **arpa** (*f.*) harp
**arqueológico** archaeological
el **arqueólogo,** la **arqueóloga** archaeologist
el **arquitecto,** la **arquitecta** architect
**arquitectónico** architectural
la **arquitectura** architecture
**arraigar** to take root
**arrasar** to level; to raze
**arrestado** arrested
**arriba** above, up; **más arriba de** above
**arriesgarse** to take a risk, to expose oneself to danger
**arrogante** arrogant
el **arrojo** boldness

el **arroz** rice
**arruinar** to ruin, destroy
el **arte** art
la **artesanía** craftsmanship; handicraft
el **artesano** artisan, craftsman
el **artículo** article; **artículo de consumo** consumer goods
la **artillería** artillery
el, la **artista** artist
**artístico** artistic
**ascendente** *(adj.)* rising, ascending, up
**ascender a (ie)** to amount to
**asegurar** to secure; to guarantee
**asesinar** to assassinate, murder
**asfaltado** paved
**así** like this; like that; so; thus; in this way; **así como** just as; **tanto así** so much so
**asiático** Asiatic, Asian
**asignarse** to assign oneself
**asimilado** assimilated
**asimismo** likewise, also
la **asistencia** attendance; assistance
la **asociación** association
**asociado a** associated with
**asociarse** to associate (oneself); to become a member (of an organization)
**asombrar** to astonish
el **asombro** astonishment, wonder
**asombroso** astonishing
el **aspecto** aspect
la **aspiración** aspiration
el, la **aspirante** aspirant, seeker
**aspirar** to aspire
el **astrónomo** astronomer
la **astucia** cunning, astuteness
**asumir** to assume; to take over
el **asunto** affair; subject
**asustarse** to become frightened
**atacar** to attack
el **ataque** attack
**Atenas** Athens
la **atención** attention; **prestar atención** to pay attention
**atender (ie)** to attend to; to take care of
**atmosférico** atmospheric
la **atracción** attraction

**atractivo** attractive, pretty
**atraer** to attract
**atrapar** to catch, to trap
**atrás** back, backward; behind
el **atraso** backwardness; delay
**atravesar** to cross
**atreverse a** to dare to
**atribuir (y)** to attribute
el **atributo** attribute
la **audacia** audacity; boldness
**audaz** audacious; bold
el **auge** vise
**aumentar** to increase
**aun** even; **aun cuando** although, even though
**aún** still, yet
**aunque** although, even though
la **ausencia** absence
**ausente** absent
el **auto** car
**autobiográfico** autobiographical
el **autobús** bus
la **autocracia** autocracy
**autocrático** autocratic
**automáticamente** automatically
el **automóvil** automobile
la **autopista** turnpike, highway
el **autor, la autora** author
la **autoridad** authority
**autoritario** authoritarian
**autorizar** to authorize
el **avance** advance
**avanzar** to advance
el **ave** (*f.*) bird
la **aventura** adventure
el **aventurero** adventurer, soldier of fortune; (*adj.*) adventurous
**averiguar** to find out, ascertain
el **avión** airplane
**ayer** yesterday
la **ayuda** help; assistance, aid
**ayudar** to help
**azteca** Aztec
el **azúcar** sugar
**azucarero** (*adj.*) sugar
**azul** blue

## B

la **bahía** bay
el **baile** dance

**bajar** to lower
**bajo** low, short; under; **tierras bajas** lowlands
la **bala** bullet
la **balsa** raft
**bananero** (*adj.*) banana
el **banco** bank
el **banquero** banker
**bañar(se)** to bathe
**barato** cheap, inexpensive
la **barba** beard, whiskers
la **barbarie** barbarism
**bárbaro** barbaric
el **barco** ship
la **barrera** barrier
el **barrio** neighborhood
**barroco** baroque
**basar** to base; **barsarse en** to base (one's judgment) on; to rely on
la **base** base; basis
**básico** basic
**bastante** enough; quite; a lot of; rather
**bastardo** (*adj.*) illegitimate
la **batalla** battle
**beber** to drink
la **bebida** drink
la **beca** scholarship
la **belleza** beauty
**bello** beautiful
la **bendición** benediction, blessing
**beneficiarse** to benefit
el **beneficio** benefit
**beneficioso** beneficial, profitable
el **beso** kiss
la **bestia** beast
**bien** well
los **bienes** wealth; property
el **bienestar** well-being, welfare
**bilingüe** bilingual
la **biografía** biography
**bisiesto** leap (year)
**blanco** white
la **boca** mouth
**bordear** to border
la **brasa** red-hot coal
el **brazo** arm
**breve** short, brief
**brillantemente** brilliantly
**brindar** to offer; to give; to toast
el **bronce** bronze
**brusco** abrupt, brusque
**brutalmente** brutally

**bueno** good
la **busca** search, quest
**buscar** to seek, to look for
la **búsqueda** search, pursuit

## C

la **caballería** knighthood, chivalry
el **caballo** horse
la **cabaña** cabin
el **cabello** hair
la **cabeza** head
el **cabo** end; cape; **Cabo de Hornos** Cape Horn; **llevar a cabo** to carry out, accomplish
el **cacao** cocoa (beans)
el **cacique** chieftain
**cada** each
la **cadena** chain
**caer** to fall
el **café** coffee
el **cafeto** coffee plant, coffee tree
**calculado** calculated
el **calendario** calendar
la **calidad** quality
**caliente** hot
**calmado** calm
el **calor** warmth, heat
**caluroso** warm, hot
la **calle** street
la **cámara** chamber
**cambiante** changing, fickle
**cambiar** to change
el **cambio** change, exchange; **a cambio de** in exchange for; **en cambio** on the other hand, in contrast
**caminar** to walk
el **camino** path, road, way; route; **estar en camino** to be on one's way
el **camión** truck
la **campaña** campaign
el **campesino, la campesina** peasant; agricultural worker; (*adj.*) rural
el **campo** country, countryside; field
la **canción** song
el **candidato** candidate
la **canoa** canoe
**cansarse** to tire, to get tired
la **cantidad** quantity
la **caña de azúcar** sugar cane

el **cañón** cannon
el **caos** chaos
  **caótico** chaotic
la **capacidad** capacity
  **capacitado** qualified
  **capaz** capable, competent
  **capitalino** of or from the
    capital city
el **capitalismo** capitalism
  **capitalista** *(adj.)* capitalistic
el **capítulo** chapter
  **caprichoso** capricious;
    willful
  **capturar** to capture
la **cara** face
el **carácter** character, nature
la **característica** characteristic, trait
  **caracterizar** to characterize
la **cárcel** jail, prison
  **carecer (zc) de** to lack, be
    without
la **carga** load, cargo, burden;
    freight
el **cargo** position, office, job; **a
    cargo de** in charge of
el **Caribe** Caribbean
el **Carnaval** Carnival, Mardi
    Gras
la **carne** meat
  **caro** expensive
la **carrera** career, profession
la **carretera** highway
el **carruaje** carriage
la **carta** letter
el **cartón** cardboard
la **casa** house, home; **casa de
    juego** gambling house
  **casi** almost
el **caso** case; **en todo caso** in
    any event, at any rate
  **castigar** to punish
el **catolicismo** Catholicism
  **católico** Catholic
  **catorce** fourteen
el **caudillismo** system of government by a **caudillo**
el **caudillo** political boss,
    military chief
la **causa** cause; **a causa de**
    because of
  **causar** to cause
  **cayendo** falling
la **caza** hunting
el **cazador** hunter
  **cazar** to hunt
la **cebolla** onion
  **ceder** to yield, to hand over

la **celebración** celebration
  **celebrar** to celebrate
  **celeste** heavenly, celestial
  **censurable** reprehensible
el **centímetro** centimeter
el **centro** center, middle
la **cerámica** ceramics
  **cerca de** near, nearby, close
  **cercano** near, close; neighboring
el **cerdo** hog
la **ceremonia** ceremony
el **cero** zero
  **cerrado** closed, narrowminded
  **cerrar (ie)** to close
el **cerro** hill
el **cielo** sky, heaven
  **cien** one hundred
la **ciencia** science
el **científico** scientist; *(adj.)* scientific
  **ciento** one hundred; **por
    ciento** percent
el **cierre** closing
  **cierto** certain, true; some
  **cimarrón** wild
  **cinco** five
  **cincuenta** fifty
  **circular** to circulate
el **círculo** circle
la **circunstancia** circumstance
el **cisne** swan
la **cita** quotation
  **citado** above-mentioned,
    cited
  **citar** to quote
la **ciudad** city
el **ciudadano, la ciudadana**
    citizen
  **cívico** civic
  **civilizar** to civilize
  **claramente** clearly
  **claro** clear
la **clase** class, kind
  **clásico** classical, classic
el **clave** clavichord; *(adj.)* key,
    essential
el **clérigo** cleric, clergyman
el **clero** clergy
el **clima** climate
  **climatológico** climatic
la **coacción** coercion
el **cobre** copper
la **codicia** greed
  **codiciar** to covet
  **coexistir** to coexist
la **coincidencia** coincidence

  **coincidir** to coincide, to
    come together
la **colaboración** collaboration
el **colaborador, la colaboradora** collaborator
el **colapso** collapse
  **colectivo** collective
el, la **colega** colleague
  **colocar** to place
  **Colón** Columbus
la **colonia** colony
el **colonizador, la colonizadora**
    colonist; *(adj.)* colonizing
  **colonizar** to colonize
el **colono** colonist, settler
  **colosal** colossal
la **columna** column
el **comandante** commander
  **comandar** to command
el **combate** combat, fight
  **combatir** to combat, fight
la **combinación** combination
  **combinar** to combine
el **comentario** commentary
  **comenzar (ie)** to begin, start;
    **comenzar a** to begin to
  **comer** to eat
  **comercial** *(adj.)* commercial
  **comercializar** to commercialize
el, la **comerciante** merchant
  **comerciar** to trade
el **comercio** commerce,
    business
el **comestible** foodstuff; *(adj.)*
    edible
  **cometer** to commit, make
la **comida** meal
el **comienzo** beginning, start
  **como** as, like; how; about;
    **como a** about; **como
    resultado** as a result; **tal
    como** such as; **tanto como**
    as much as; **¿cómo?** how?
    what?
el **compañero, la compañera**
    companion, mate
la **compañía** company
la **comparación** comparison
  **comparar** to compare
  **compartir** to share; to divide
el, la **compatriota** compatriot;
    fellow-countryman
la **compensación** compensation
  **compensar** to compensate
  **complementar** to complement

**completar** to complete
**completo** complete
la **complicación** complication
**complicarse** to be complicated
el **componente** component
**componer** to compose; to make
**comportarse** to behave
la **composición** composition
el **compositor** composer
la **compra** purchase
el **comprador,** la **compradora** shopper, buyer
**comprar** to buy
**comprender** to understand
la **comprensión** comprehension, understanding
**comprobar (ue)** to check, to verify, to test
el **compromiso** compromise
**compuesto** composed, made up
**computar** to compute
**común** common
la **comunicación** communication
**comunicarse** to communicate
la **comunidad** community
el **comunismo** communism
**con** with, by
**concebir** to conceive
**conceder** to grant
la **concentración** concentration
**concentrarse** to concentrate
el **concepto** concept
la **conciencia** conscience
**concreto** concrete
**condenar** to sentence, to condemn
**condensar** to condense
la **condición** condition
el **condimento** condiment
el **condominio** condominium
**conducir (zc)** to lead, guide
la **conducta** conduct, behavior
la **conexión** connection
**conferir** to bestow
**confiado** self-confident; unsuspecting
la **confianza** confidence
**confiar (en)** to trust; to entrust
**confirmar** to confirm
**confiscar** to confiscate
el **conflicto** conflict

**conformarse** to conform, to agree
**conforme** as; according, in agreement; **conforme a** according to; **conforme con** in agreement with
**conformista** *(adj.)* conformist
**confortante** comforting
**confundir** to confuse
**congelado** frozen
**congestionarse** to become congested
**congregado** congregated
el **congreso** congress, convention
el **conjunto** ensemble, group
**conmemorar** to commemorate
**conocer (zc)** to know, to be acquainted
el **conocido** acquaintance; *(adj.)* known, familiar, well-known; **lo más conocido** the best known
los **conocimientos** knowledge
la **conquista** conquest
**conquistado** conquered
el **conquistador,** la **conquistadora** conqueror; *(adj.)* conquering
**conquistar** to conquer
**consciente** conscious; aware
la **consecuencia** consequence
**consecuente** consistent
**conseguir** to get, obtain; **conseguir** + *inf.* to succeed in + *ger.*
el **consejero,** la **consejera** adviser
el **conservador,** la **conservadora** conservative; *(adj.)* conservative
el **conservadurismo** conservatism
**considarar** to consider
**consiguiente** consequent; **por consiguiente** consequently
**consistir** to consist; **consistir en** to consist of, to consist in
la **consolidación** consolidation
**consolidar** to consolidate
**constante** constant
**constar de** to consist of
**constatar** to establish, to prove

la **constitución** constitution
**constituir (y)** to constitute; to set up, to establish; **constituirse en** to set oneself up as
la **construcción** construction, building
**constructivo** constructive
**construir (y)** to construct, to build
el **consuelo** consolation, comfort
el **consumidor,** la **consumidora** consumer
**consumir** to consume
el **consumo** consumption; **artículos de consumo** consumer goods; **sociedad de consumo** consumer society
el **contacto** contact
la **contaminación** contamination; pollution
**contar (ue)** to count, to recount; to tell (a story); **contar con** to rely on
**contemplar** to contemplate
**contemporáneo** contemporary
**contener (ie) (g)** to contain
el **contenido** contents
**contentarse** to content oneself, be satisfied
**contento** contented, pleased, happy
**contigo** with you
**contiguo** next to
el **continente** continent
la **continuación** continuation; **a continuación** immediately
**continuar** to continue
**contra** against; **en contra de** against
la **contradicción** contradiction
**contradictorio** contradictory
**contrario** contrary, opposite; **al contrario** on the contrary; **al contrario de** unlike; **de lo contrario** otherwise
el **contraste** contrast, difference
el **contrato** contract
la **contribución** contribution
**contribuir (y)** to contribute
**controlar** to control

la **controversia** controversy
**conveniente** convenient; proper
el **convento** convent, monastery
la **conversación** conversation
**convertir (ie)** to convert; **convertirse** to be converted
la **convicción** conviction
**convincente** convincing
**convulsionado** convulsed
la **cordillera** mountain chain
la **corona** crown
la **coronación** coronation
**coronar** to crown
**correcto** correct
**corregir (i)** to correct
el **correo** mail
**correr** to run
**corresponder** to correspond
**correspondiente** corresponding
la **corriente** current; *(adj.)* common; **estar al corriente** to be up to date
la **corrupción** corruption
**cortar** to cut
la **corteza** crust; bark
**corto** short, brief
**cosa** thing; something
la **cosecha** harvest
**cosechar** to harvest, to gather
**cosmogónico** cosmogonic
**cosmopolita** cosmopolitan
la **costa** coast
**costar (ue)** to cost
**costarricense** Costa Rican
**costero** coastal
**costoso** costly, expensive
la **costumbre** custom
la **creación** creation
**crear** to create
**creativo** creative
**crecer (zc)** to grow, increase
**creciente** increasing
el **crecimiento** growth, increase
la **creencia** belief
**creer** to believe; to think
**creyendo** believing; thinking
el, la **creyente** believer; *(adj.)* believing
**criollo** Spaniard born in Spanish America
**cristianizar** to convert to Christianity

el **cristiano**, la **cristiana** Christian; *(adj.)* Christian
**Cristo** Christ
la **crítica** critique, criticism; the critics
el **crítico** critic; *(adj.)* critical
la **crónica** chronicle
el **cronista** chronicler, historian
la **crueldad** cruelty
la **cruz** cross
la **cruzada** crusade
**cruzar** to cross
**cuadrado** square
el **cuadro** square; painting; picture
**cual** as; el, la **cual**, los **cuales**, las **cuales** which, who; **¿cuál?** which? which one? what? *(pl.)* which ones? which? what?
la **cualidad** quality, characteristic
**cualquier** any
**cualquiera** any, anyone
**cuando** when; **aun cuando** even though
**¿cuándo?** when?
**cuantioso** numerous
**cuanto** as much as, whatever; **en cuanto** as soon as; while; **en cuanto a** regarding, as for; **unos cuantos** some, a few
**¿cuánto?** how much? *(pl.)* how many?
**cuarenta** forty
**cuarto** fourth; quarter; room
**cuatro** four
**cubano** Cuban
**cubierto** covered; **cubierto de** covered with
**cubrir** to cover
el **cuchillo** knife
el **cuello** neck
la **cuenca** river basin
la **cuenta** count; account; bill; **darse cuenta de** to realize; to become aware of; **tomar en cuenta** take into account
el, la **cuentista** story-teller; short story writer
el **cuento** tale, story
la **cuerda** rope
el **cuero** leather; pelt
el **cuerpo** body; corpse
la **cuesta** slope; **cuesta arriba** uphill

la **cuestión** question, issue, matter
**culminar** to culminate
**cultivar** to cultivate; to farm
el **cultivo** cultivation; farming
el **culto** worship; cult
la **cultura** culture
la **cumbre** summit
**cumplir** to fulfill; to perform
la **cuna** cradle
**curar** to cure, to heal
la **curiosidad** curiosity
**curioso** curious
el **curso** course
**cuyo** whose

## CH

el **charqui** beef jerky
el **chasqui** Inca Indian courier
**chino** Chinese
**chinoista** Chinese style
la **choza** hut

## D

**dado** given; **dado que** given that; provided that
la **danza** dance
**dar** to give; **dar lugar a** to give rise to; **dar a conocer** to make known; **darse cuenta de** to realize, to become aware of
**datar** to date
el **dato** fact
**de** of; from; for; in; on; than; about
**debatir** to debate
**deber** to owe; **deberse** to be due; **deber + *inf.*** ought to; should; **debido a** due to
**débil** weak
la **debilidad** weakness
la **década** decade
**decaer** to weaken; to fail
**decidido** determined
**decidir** to decide
**decir (i)** to say, to tell; **es decir** that is; **querer decir** to mean
**decisivo** decisive
**declarar** to declare
la **decoración** decoration
**decorar** to decorate, adorn
**decretar** to decree

la **dedicación** dedication
**dedicar** to dedicate
el **dedo** finger
**deducir** to deduce
el **defecto** defect
**defender** to defend
la **defensa** defense
el **defensor** defender
la **definición** definition
**definir** to define
**definitivo** definitive
**dejar** to leave; to let, allow;
  **dejar de** + *inf.* to stop
**del** of the, from the
**delicado** delicate
la **demagogia** demogoguery
**demandar** to demand
**demás** other; los (las) **demás**
  the rest; others
**demasiado** too much; too
la **democracia** democracy
**demócrata** democratic
**democrático** democratic
**demográfico** demographic,
  population (*adj.*); **explo-**
  **sión demográfica** population explosion
el **demonio** devil; demon
**demostrable** demonstrable
**demostrar (ue)** to demon-
  strate, prove
la **densidad** density
**denso** dense
el **dentista** dentist
**dentro** inside; **dentro de**
  inside, within
la **denuncia** denunciation
**denunciar** to denounce
**depender** to depend; **depen-**
  **der de** to depend on
**deponer** to depose
**deportivo** (pertaining to)
  sport, sports
el **depósito** deposit
la **derecha** right (direction);
  right-hand
**derechista** rightist
el **derecho** right; law; straight
  ahead
**derivarse** to derive
**derramar** to spill, to shed
**derribar** to destroy, to
  overthrow
el **derroche** waste, squan-
  dering
la **derrota** defeat
**derrotar** to defeat; to rout,
  put to flight; to ruin

el **desacuerdo** disagreement
**desafiar** to challenge; to
  dare; to defy
el **desafío** challenge; rivalry
**desafortunadamente** unfor-
  tunately, unhappily
**desaparecer (zc)** to dis-
  appear
**desarrollarse** to develop
el **desarrollo** development
**desastroso** disastrous
**descender (ie)** to descend
el **descendiente** descendant
**descongestionar** to lessen
  the congestion of
**desconocer (zc)** to not know,
  to be ignorant of
**desconocido** unknown
**descontento** discontent,
  displeased
**describir** to describe
la **descripción** description
**descubierto** discovered
el **descubridor**, la **descubri-**
  **dora** discoverer
el **descubrimiento** discovery
**descubrir** to discover
**desde** from, since; **desde**
  **entonces** since then, from
  then on
**deseable** desirable
**desear** to desire, to wish
**desembarcar** to disembark
**desembocar** to empty (of a
  river); to flow
**desempeñar** to carry out (a
  function), to play (a role),
  to serve as
el **desempleo** unemployment
el **deseo** wish, desire
el **desequilibrio** unbalance
la **desesperación** despair,
  desperation
**desesperado** despairing,
  desperate, hopeless
**desestimar** to hold in low
  regard
**desfilar** to parade
**deshacer** to take apart **des-**
  **hacerse (de)** to get rid of
**deshojar** to defoliate; to take
  the leaves off of
**deshumanizar** to de-
  humanize
el **desierto** desert
**designar** to designate
la **desigualdad** inequality
**desintegrarse** to disintegrate

el **desinterés** disinterest
**desistir** to stop
**desmayarse** to faint
el **desnivel** unevenness,
  imbalance
la **desnutrición** malnutrition
**desocupado** vacant; idle;
  unemployed
**desolado** desolate
el **desperdicio** waste
**despertar (ie)** to awaken
**despoblado** deserted, un-
  populated
**despreciar** to despise
**desprestigiar** to disparage;
  to run down
**después** later; then; after;
  **después de** after
**destacar** to emphasize; **des-**
  **tacarse** to stand out, to be
  distinguished
**destinar** to destine; to
  assign; to allot
el **destino** destiny; fate
la **destrucción** destruction
**destruir (y)** to destroy
la **desventaja** disadvantage
**desventajoso** disadvan-
  tageous
**detallar** to relate in detail
el **deterioro** deterioration
**determinar** to determine
**detrás (de)** behind
el **detrimento** damage, harm,
  loss
la **deuda** debt
**devastar** to devastate
**devoto** devout
el **día** day
el **diamante** diamond
el **diámetro** diameter
**diario** daily
**diciembre** December
el **dictador** dictator
**dieciocho** eighteen
**dieciséis** sixteen
**diecisiete** seventeen
el **diente** tooth
**diez** ten
la **diferencia** difference
**diferenciar** to differentiate;
  **diferenciarse** to differ
**diferente** different
**diferir (ie)** to differ
**difícil** difficult
la **dificultad** difficulty
**dignificar** to dignify
**dinámico** dynamic

el **dinamismo** dynamism
**Dios** God
el **dios** god
la **diosa** goddess
el **dinero** money
**diplomáticamente** diplomáticamente
la **dirección** direction
**directo** direct, straight
el **dirigente** leader; *(adj.)* ruling
**dirigir (j)** to direct; **dirigirse** to go to; to address (a person)
la **disciplina** discipline
el **discurso** speech
**discutir** to discuss
**disfrutar** to enjoy, to take advantage of; **disfrutar de** to have the use of
**disminuir (y)** to diminish, to decrease
la **disolución** dissolution
**disolver (ue)** to dissolve
**disparejo** unequal, uneven
**disponer** to dispose
**disponible** available
**dispuesto a** willing to
la **disputa** dispute
**disputar** to dispute
la **distancia** distance
**distante** distant, far away
la **distinción** distinction
**distinguir** to distinguish
**distinto** different
la **distracción** distraction; diversion; amusement
la **distribución** distribution
**distribuir (y)** to distribute
el **distrito** district
el **disturbio** disturbance
la **divergencia** divergence
la **diversidad** diversity
**diverso** diverse, different
**divertirse (ie)** to be amused, to have a good time
**dividir** to divide, to separate
**divino** divine
**divulgar** to divulge, to disclose
**doble** double
**doce** twelve
**dócil** docile, soft
**documental** documentary
el **documento** document
el **dólar** dollar
el **dolor** ache, pain; grief
**doloroso** painful, pitiful

la **dominación** domination
**dominante** dominant, ruling
**dominar** to dominate
**dominicano** Dominican
el **dominio** dominion; domain
el **dominó** dominoes
**donde** where, in which; **¿dónde?** where?
**dorado** golden
**dormido** asleep
**dormir (ue)** to sleep
**dos** two; los **dos** both
**doscientos** two hundred
**dotado** endowed
**dramático** dramatic; theatrical
el **dramaturgo** dramatist, playwright
**drenar** to drain
**dualista** dualistic
la **duda** doubt
la **dueña** owner; mistress
el **dueño** owner; master
**dulce** sweet
la **duna** dune
la **duración** duration
**durante** during; for
**durar** to last

# E

**e** and (used for **y** before words beginning with vowel sound i)
**eclesiástico** ecclesiastical
**ecológico** ecological
la **economía** economy
**económico** economic
el, la **economista** economist
**ecuatoriano** Ecuadorian
**echar** to throw, throw out
la **edad** age
el **edificio** building
la **educación** education
**efectivo** effective
el **efecto** effect; **en efecto** in fact, indeed
**efervescente** effervescent; causing turmoil
la **eficiencia** efficiency
**eficiente** efficient
**egipicio** Egyptian
la **ejecución** execution
**ejemplar** *(adj.)* exemplary, model

el **ejemplo** example
**ejercer (z)** to exercise; to exert
el **ejército** army
la **elasticidad** elasticity
la **elección** election
la **electricidad** electricity
el **elefante** elephant
**elegir (i)(j)** to elect
**elemental** elementary
el **elemento** element
la **elevación** elevation
**elevar** to elevate, to raise
**elocuente** eloquent
**embarcarse** to embark, to board
**embargo** embargo; **sin embargo** nevertheless, however
el **embellecimiento** embellishment, beautification
el **emblema** emblem
el **embotellamiento** traffic jam
el **embrión** embryo
la **emigración** emigration; migration
**emigrar** to emigrate; to migrate
la **eminencia** eminence
**eminente** eminent
el **emisario** emissary
**emotivo** emotional
**empeñado** persistent, determined
el **emperador** emperor
**empezar (ie)** to begin, start
el **empleado**, la **empleada** employee
**emplear** to use, employ
el **empleo** employment; job
la **empresa** business firm, company
**empresarial** entreprenurial
el **empréstito** loan
**en** in, into, on; at
**enamorarse (de)** to fall in love (with)
**enardecer (zc)** to inflame, to excite
**encabezar** to head, to lead
**encantado** enchanted; delighted
el **encanto** enchantment, charm, delight
el **encargado** person in charge
**encargarse** to take charge
**encender (ie)** to light, to kindle

**encerrar (ie)** to lock up, to confine
**encima** above; on top; **por encima** above
**encomendar (ie)** to entrust
**encontrar (ue)** to find, to meet; **encontrarse** to be found, be (situated); **encontrarse con** to run into, to run across, to encounter
el **encuentro** meeting; clash
el **enemigo,** la **enemiga** enemy; (*adj.*) enemy, hostile
la **energía** energy
**enero** January
la **enfermedad** sickness, illness
**enfermo** sick, ill
el **enfrentamiento** confrontation
**enfrentar** to confront, to face
**enfrente de** facing, in front of
**engañoso** deceitful
el **enigma** enigma, riddle
**enorme** enormous
**enriquecer (zc)** to enrich; **enriquecerse** to get rich, to prosper
la **ensalada** salad
**ensanchar** to widen, to extend
el **ensayista** essayist
el **ensayo** essay
**enseñar** to teach; to show
**entenderse (con) (ie)** to get along (with)
**entero** entire, whole
la **entidad** entity
**entonces** then; **en aquel entonces** at that time
la **entrada** entrance
**entrar** to enter, go in
**entre** between, among
el **entrecruzamiento** interweaving
**entregarse** to devote oneself
**entrenar** to train
la **entrevista** interview
el **entrevistado** person interviewed
**entrevistar** to interview
el **entusiasmo** enthusiasm
**enunciar** to state, enunciate
**envejecido** aged
**enviar** to send
**envolverse (ue)** to become involved, to become wrapped up in

**épico** epic
la **epidemia** epidemic
el **episodio** episode
la **época** time, age, period, epoch
**equitativo** equitable
el **equivalente** equivalent; (*adj.*) equivalent
la **era** era, age
**eradicar** to eradicate
**erróneo** erroneous
**esa** that; **ésa** that one; **esas** those; **ésas** those (ones)
la **escala** scale
**escapar** to escape
la **escasez** scarcity
**escaso** scarce, scant
la **escena** scene
el **esclavo,** la **esclava** slave
**escoger (j)** to choose
**esconder** to hide
el **escondite** hiding place
**escribir** to write
el **escrito** writing, manuscript; (*adj.*) written
el **escritor,** la **escritora** writer
la **escritura** writing
**escuchar** to listen to
la **escuela** school
el **escultor** sculptor
la **escultura** sculpture
**ese** that; **ése** that one; **esos** those; **ésos** those (ones)
**esencial** essential
**esforzarse (ue)** to strive
el **esfuerzo** effort; stress
**eso** that; **por eso** because of that, for that reason
el **espacio** space
la **espada** sword
la **espalda** (human) back; **darle la espalda** to turn one's back
**español, española** Spaniard; (*adj.*) Spanish
**esparcir (z)** to scatter, to spread
la **especialidad** specialty
**especializar** to specialize
**especialmente** especially
**espectacular** spectacular
el **espectáculo** spectacle, show
**esperado** expected
la **esperanza** hope
**esperar** to hope; to expect; to wait
el **espíritu** spirit
**espiritual** spiritual

**espléndido** splendid
el **esplendor** splendor
**esplendoroso** magnificent
**esporádico** sporadic
la **esposa** wife; el **esposo** husband
**esquemático** schematic
la **esquina** corner
**esta** this; **ésta** this one; **estas** these; **éstas** these (ones)
la **estabilidad** stability
**estable** stable
**establecer (zc)** to establish; **establecerse** to settle
el **establecimiento** establishment
la **estación** season; station
el **estacionamiento** parking
el **estadista** statesman
**estadístico** statistical
el **estado** state; condition
**estallar** to explode; to break out
el **estaño** tin
**estar** to be; **estar acostumbrado** to be used to; **estar bien de salud** to be in good health; **estar de acuerdo** to be in agreement, agree; **estar a favor de** to be in favor of; **estar seguro** to be sure; **estatal** (pertaining to the) state
**estático** static, not moving
la **estatua** statue
la **estatura** height
**este** this; **éste** this one; **estos** these; **éstos** these (ones)
el **este** east
**estilístico** stylistic
el **estilo** style
**estimar** to estimate
**estimular** to stimulate
el **estímulo** stimulus
**esto** this
el **estorbo** hindrance, obstruction
**estratégico** strategic
la **estratificación** stratification
**estratificar** to stratify
el **estrecho** straits; (*adj.*) tight, narrow
la **estructura** structure
el **estuario** estuary
el, la **estudiante** student
**estudiar** to study
el **estudio** study; studio
la **etapa** stage, phase

**eterno** eternal
**étnico** ethnic
**europeo** European
el **evento** event
**evidente** evident
**evitar** to avoid
el **evolución** evolution
**evolucionar** to evolve
**exacerbar** to exacerbate
**exacto** exact
la **exageración** exaggeration
**exaltar** to exalt
el **excedente** excess, surplus
**excelente** excellent
**excéntrico** eccentric
la **excepción** exception
**excepto** except
**excesivo** excessive
el **exceso** excess
la **excitación** excitement
**excluir (y)** to exclude
**exclusivo** exclusive
la **exhortación** exhortation
**exhortar** to exhort;
    to incite
**exigir (j)** to demand, to re-
    quire
el **exilado** exiled person; *(adj.)*
    exiled
el **exilio** exile
**exilar** to exile
la **existencia** existence
**existente** existing, extant
**existir** to exist
el **éxito** success; **tener éxito** to
    be successful
**exótico** exotic
**expandir** to expand
la **expedición** expedition
la **experiencia** experience
**experimentar** to experience
el **experto** expert
**explicar** to explain
la **exploración** exploration
el **explorador, la exploradora**
    explorer
**explorar** to explore
la **explotación** exploitation
**explotar** to exploit; to work
    (a mine)
**exponer** to expose, to ex-
    pound, to explain
la **exportación** export
**exportar** to export
**expresar** to express
la **expresión** expression
**expropiar** to appropriate,
    expropriate

**expulsar** to drive out, to
    expel
**exquisito** exquisite
**extender (ie)** to extend
**extenso** extensive
**externo** external, outside
**extinto** extinct, dead
la **extracción** extraction
**extraer** to extract
**extranjero** foreign
**extraño** strange
**extraordinario** extra-
    ordinary
**extremo** extreme

# F

la **fábrica** factory
**fabricar** to manufacture
**fabuloso** fabulous
la **facción** faction
**fácil** easy
**facilitar** to facilitate
**falso** false
la **falta** lack
**faltar** to lack; to miss
la **fama** fame; reputation
la **familia** family
**familiar** (pertaining to the)
    family
**famoso** famous
**fantástico** fantastic
**fascinante** fascinating
la **fase** phase
**fatalista** fatalistic
el **favor** favor; **a favor de** in
    favor of
**favorecer (zc)** to favor
el **favorito** favorite
la **fe** faith
**febrero** February
la **fecha** date
la **federación** federation
**feliz** happy
la **feminista** feminist; *(adj.)*
    feminist
el **fenómeno** phenomenon
**feo** ugly
la **feria** fair
**ferozmente** ferociously
el **ferrocarril** railroad
**fértil** fertile
la **fertilidad** fertility
el **fertilizante** fertilizer
**ferviente** fervent
el **fervor** fervor
la **festividad** festivity

**festivo** festive
la **fibra** fiber; grain
la **ficción** fiction
la **fidelidad** fidelity, faith-
    fulness
**fiel** faithful; exact; honest
la **fiesta** party
la **figura** figure
**fijo** fixed
el **filo** row, line, edge
el **filósofo** philosopher
el **fin** end; **fin de semana** week-
    end; **por fin** finally; **a fines
    de** toward the end of
el **final** end
**finalizar** to end, terminate,
    finalize
**finalmente** finally
**financiero** financial
las **finanzas** finance
la **finca** property, real estate
**fingir (j)** to pretend
**fino** fine, of high quality
**firmar** to sign
**firme** secure; firm; **tierra
    firme** mainland
la **firmeza** firmness; steadi-
    ness, constancy
**físico** physical
**fisiológicamente** physio-
    logically
**flexibilizar** to make flexible;
    to adapt
la **flor** flower
**florecer (zc)** to flower; to
    flourish
**florecido** blooming
la **flota** fleet
**flotante** floating
**fluvial** *adj.* pertaining to a
    river
el **foco** focus; source
el, la **folklorista** folklorist
el **folleto** brochure, pamphlet
**fomentar** to promote, en-
    courage, foster
el **fondo** bottom; **a fondo**
    thoroughly
**forestal** *(adj.)* forest
la **forma** form, shape; way
el **formación** formation
**formalizarse** to become offi-
    cial, effective
**formar** to form, to consti-
    tute, to shape
**fortalecer (zc)** to fortify,
    strengthen
la **fortuna** fortune

**forzado** forced
la **foto** photo
la **fotografía** photograph
**fracasar** to fail
el **fracaso** failure
la **fracción** fraction
**fracturar** to fracture; to break
la **fragmentación** fragmentation
**fragmentar** to fragment, break up
el **fraile** friar
**francés, francesa** French
la **frase** phrase
la **frecuencia** frequency
**frecuente** frequent
**frenar** to check, hold back, restrain
el **frente** front; (f.) forehead; **al frente de** at the head of, in charge of; **frente a** facing
la **fresa** strawberry
**fresco** cool, fresh
la **fricción** friction
el **frijol** bean
**frío** cold; insensitive
la **frontera** border; frontier
**fronterizo** (adj.) frontier, border
la **frustración** frustration
la **fruta** fruit; (m.) fruit (result, outcome)
el **fuego** fire
la **fuente** source; fountain
**fuera** out, outside; **fuera de** outside of, outside
**fuerte** strong
la **fuerza** force, strength, power
la **función** function; duty
el **funcionamiento** functioning; performance
**funcionar** to function
el **funcionario** functionary, official; civil servant
la **fundación** foundation, founding
**fundar** to found, to base
el **fusil** gun, rifle
el **futuro** future

### G

la **ganadería** cattle raising
**ganadero** (adj.) cattle-raising
el **ganado** cattle

el **ganador,** la **ganadora** winner
**ganar** to earn; to win
el **garante** guarantor
la **garantía** guarantee
**garantizar** to guarantee
**gastar** to spend
**gauchesco** (adj.) gaucho-like
la **generación** generation
**general** general; **en general** in general, generally; **por lo general** generally, as a rule
**generalizar** to generalize
**generar** to generate
el **género** kind, sort, genre
la **generosidad** generosity
**generoso** generous
**genético** genetic
**genial** brilliant, inspired
la **gente** people
la **geografía** geography
**geográfico** geographic, geographical
el **gigante** giant
**gigantesco** gigantic
la **gloria** glory
el **gobernante** ruler
**gobernar (ie)** to rule; to govern; to direct
el **gobierno** government
el **golfo** gulf
la **golondrina** swallow (bird)
el **golpe** blow, hit, bump; **golpe de estado** coup d'état
el **grabado** engraving; picture, print
(las) **gracias** thanks, thank you
el **grado** degree; grade; step
**gráfico** graphic
**gran(de)** large; big; great
la **grandeza** grandeur; greatness; bigness
el **grano** grain
**grave** heavy; grave, serious
**griego** Greek
el **grito** shout, cry
el **grupo** group
**guardar** to keep, guard; to preserve, protect
la **guardia** guard; police
**guatemalteco** Guatemalan
**gubernamental** governmental
la **guerra** war
el **guerrero** warrior
el **guerrillero** guerrilla fighter; (adj.) guerrilla

**guiar** to guide
la **guitarra** guitar
**gustar** to taste; to be pleasing
el **gusto** taste; pleasure

### H

**haber** to have + (past participle)
**hábil** skillful, capable; competent
la **habilidad** ability
la **habitación** dwelling, house; room
el, la **habitante** inhabitant
**habitar** to inhabit, to live in; to occupy
el **hábito** habit
**habituado** used to, accustomed to
el **habla** (f.) language; speech; **de habla española** Spanish-speaking
**hablado** spoken
**hablar** to speak, talk
el **hacendado** landowner
**hacer** to make; to do; **hacer una pregunta** to ask a question; **hacer que** to cause; **hacer calor** to be hot; **hacer frío** to be cold; **hacer falta** to be needed; **hacer (tiempo)** ago (in expressions of time); **hacer realidad** to come true; **hacerse** to become
**hacia** toward; to
la **hacienda** (cattle) ranch, farm
**hallar** to find; **hallarse** to be found, located
el **hambre** (f.) hunger; **pasar hambre** to go hungry
**harto** full, satiated; fed up; **harto de** sick of
**hasta** up to; until; even; **hasta ahora** so far; **hasta que** until
el **hato** herd, flock
la **hazaña** deed, feat, exploit
**hechizar** to bewitch, cast a spell on
**hecho** done, made; caused
el **hecho** fact, deed; matter, event; **de hecho** in fact
el **hemisferio** hemisphere

**heredar** to inherit
el **heredero,** la **heredera** heir
la **herencia** inheritance, heritage
**herido** wounded
la **hermana** sister
el **hermano** brother
**hermoso** beautiful, handsome
la **hermosura** beauty
el **héroe** hero
la **herramienta** tool
**hidroeléctrico** hydroelectric
el **hielo** ice
el **hierro** iron; **mineral de hierro** iron ore
la **hija** daughter
el **hijo** son; child
los **hijos** sons and daughters; children
**hincarse** to kneel
**hipotecado** mortgaged
la **hipótesis** hypothesis
**hipotético** hypothetical
**hispánico** Hispanic, Spanish
la **hispanización** hispanization
**hispano** Hispanic, Spanish
la **historia** history; story
el **historiador** historian
**histórico** historical
el **hogar** home
la **hoja** blade; leaf
**Holanda** Holland
**holandés, holandesa** Dutch
**holgado** comfortable
el **hombre** man
el **homenaje** homage; tribute
el **homenajeado** the honored one
**homogéneo** homogenous
la **hondura** depth
**honrado** honest, honorable
la **hora** hour; time
el **horizonte** horizon
**hospitalario** hospitable
**hóstil** hostile
**hoy** today; nowadays; **hoy en día** nowadays
la **huida** escape; flight
**huir (y)** to flee
**humanizar** to humanize
**humano** human; **ser humano** human being
**húmedo** humid, moist, damp
**humilde** humble
**humillante** humiliating
**hundir** to sink, to collapse
el **huracán** hurricane

# I

**ibérico** Iberian
**idealista** idealistic
la **identidad** identity
**identificar** to identify
la **ideología** ideology
el **idioma** language
**ido** been
el **ídolo** idol
la **iglesia** church
la **ignorancia** ignorance
**ignorar** to ignore, not to know
**igual** equal; the same; **al igual que** as; like
**igualar** to match; **igualarse** to be equal
la **igualdad** equality
**igualmente** equally
**ilegalmente** illegally
**ilimitado** unlimited
**ilustrar** to illustrate
**ilustre** illustrious
la **imagen** image
la **imaginación** imagination
**imaginar(se)** to imagine
**imitar** to imitate
**impaciente** impatient
el **impacto** impact
**imparcial** impartial
**impedir (i)** to hinder, prevent
el **imperio** empire
la **implementación** implementation
**implementar** to implement
**imponente** imposing
**imponer** to impose; **imponerse** to assert oneself
la **importación** importation, import
la **importancia** importance
**importante** important
**imposible** impossible
la **impresión** impression
**impresionante** impressive
**impresionar** to impress
**improductivo** unproductive
**impropio** improper, wrong
**improvisar** to improvise
el **impuesto** tax; *(adj.)* imposed
**impulsar** to impel; to drive
la **impulsividad** impulsiveness
el **impulso** impulse
**inagotable** inexhaustible
**inaugurar** to inaugurate
**incaico** Incan
la **incapacidad** inability

**incapaz** incapable, unable
**incierto** uncertain
**incitar** to incite
la **inclinación** inclination
**incluir (y)** to include
**incluso** included, including, even
**incógnito** unknown
**inconcebible** inconceivable
la **incongruencia** incongruity
**inconstitucionalmente** unconstitutionally
**incontenible** irrepressible
**incontrolable** uncontrollable
la **incorporación** incorporation
**incorporar** to incorporate
**increíble** incredible, unbelievable
**incrementar** to increase
el **incremento** increase
**indefenso** defenseless
la **independencia** independence
**independiente** independent
**independizar** to free, emancipate; **independizarse** to become independent
**indeterminado** indeterminate
**indicar** to indicate
el **índice** index
**indígena** indigenous, Indian
**indio** Indian
**indirectamente** indirectly
**indomable** indomitable
la **industria** industry
la **industrialización** industrialization
**industrializado** industrialized
**inesperado** unexpected, unforeseen
la **inestabilidad** instability
**inexacto** inexact, inaccurate, untrue
**inexperto** inexperienced; inexpert
**infame** infamous
la **infancia** infancy
**infantil** *(adj.)* infant
**inferior** lower; inferior
la **influencia** influence
**influir (y)** to influence
la **información** information
**informar** to inform
el **informe** report
la **infraestructura** infrastructure

la **ingeniería** engineering
el **ingeniero** engineer
el **ingenio** sugar mill
**Inglaterra** England
**inglés, inglesa** English
el **ingrediente** ingredient
**inhospitalario** inhospitable
el **iniciador,** la **iniciadora** initiator
la **inicial** initial; *(adj.)* initial
**iniciar** to initiate, to start;
**iniciarse** to be started
la **injusticia** injustice
**injusto** unjust, unfair
**inmaculado** immaculate
**inmediatamente** immediately
**inmediato** immediate; adjoining, close, next
la **inmensidad** immensity
**inmenso** immense
la **inmigración** immigration
el, la **inmigrante** immigrant
**inminente** imminent
**inmortalizar** to immortalize
**innato** innate
la **innovación** innovation
**inquebrantable** unbreakable, unyielding
**inquieto** anxious, restless
**insalubre** unsanitary; unhealthful
**insatisfecho** unsatisfied
el **insecto** insect
**inseguro** insecure; unsafe
**insignificante** insignificant
la **insistencia** insistence
**insistir** to insist
la **inspiración** inspiration
**inspirar** to inspire; **inspirarse en** to become inspired by, find inspiration in
la **instalación** installation, plant
**instigar** to instigate
la **institución** institution
**institucional** institutional
**instituir (y)** to institute
el **instituto** institute
la **instrucción** instruction, education
**instruir (y)** to instruct
el **instrumento** instrument
la **insuficiencia** insufficiency, inadequacy
**insular** insular, island
**insuperable** unbeatable; insuperable
**insurgente** insurgent

la **insurrección** insurrection
**insurrecto** rebellious
**intacto** intact
la **integración** integration
**integrar** to integrate
**intelectual** intellectual
la **intención** intention
**intensivo** intensive
**intenso** intense
**intentar** to try, to attempt
el **intercambio** interchange
el **interés** interest
**interesante** interesting
**interesar** to interest
**interminable** interminable, endless
**internacional** international
**internarse** to move into the interior
**interno** internal
**interoceánico** interoceanic
la **interpretación** interpretation
**interpretar** to interpret
**interrumpir** to interrupt
la **intervención** intervention
**intervenir (ie)** to intervene, to interfere
**íntimo** intimate, close
**intrépido** intrepid, fearless
la **introducción** introduction
**introducir (zc)** to introduce
el **intruso** trespasser, intruder
la **inundación** flood
**inusitado** unusual
**invadir** to invade
el **invasor,** la **invasora** invader
**invencible** invincible, unconquerable
**inventar** to invent
la **inversa** opposite
la **inversión** investment
el, la **inversionista** investor
**invertir (ie)** to invest
la **investigación** investigation
el **invierno** winter
el **invitado** guest
**invitar** to invite
**ir** to go; **ir a** + *inf.* to be going to; **irse** to go away, to leave
**irlandés, irlandesa** Irish
la **irrigación** irrigation
la **isla** island
el **islote** small, barren island
**italiano** Italian
**itálico** italic
la **izquierda** left
**izquierdista** leftist

**J**

el **jabón** soap
**Japón** Japan
el **jardín** garden
el **jefe** boss, chief
la **jerarquía** hierarchy
**jeroglífico** hieroglyphic
**jesuita** Jesuit
el, la **joven** young person; *(adj.)* young
el **juego** game; **casa de juego** gambling house
**jugar (ue)** to play
el **juicio** trial
**julio** July
**junio** June
la **junta** board; council
**junto** united, joined; *(pl.)* together; **junto a** next to; close to
la **justicia** justice
**justificable** justifiable
**justo** just, fair
**juvenil** juvenile, youthful, young
la **juventud** youth

**K**

el **kilómetro** kilometer

**L**

el **laberinto** labyrinth, maze
**laboral** *(adj.)* labor
la **ladera** slope, hillside
el **lado** side; **por todos lados** everywhere; **por un lado** on the one hand
el **lagarto** alligator
el **lago** lake
la **lágrima** tear, teardrop
la **laguna** lagoon
la **lámina** tin (sheet)
la **lana** wool
el **largo** length; *(adj.)* long; **a lo largo** along
el **latifundio** large landed estate
el **látigo** whip
**latino** *(adj.)* Latin
la **latitud** latitude
**le** (to, for, from) him, her, it, you; *(pl.)* (to, for, from) them, you
**leal** loyal

el **lector,** la **lectora** reader
la **lectura** reading
**leer** to read
**legendario** legendary
la **legislación** legislation
**legítimo** legitimate
**lejano** far away, remote
**lejos** far; far away
la **lengua** language; tongue
el **lenguaje** language
**leninismo** Leninism
**lentamente** slowly
la **letra** letter (of alphabet)
la **ley** law
la **leyenda** legend
la **liberación** liberation
el **liberalismo** liberalism
**liberalizar** to liberalize
**liberar** to liberate
la **libertad** liberty, freedom
el **libertador,** la **libertadora**
  liberator; *(adj.)* liberating
**libre** free
el **libro** book
la **licencia** license
el **líder** political leader
**ligero** light(weight)
la **limitación** limitation
**limitar** to limit, to bound
el **límite** limit; boundary
**lindo** pretty
la **línea** line; **línea aérea** airline
el, la **lingüista** linguist
**lírico** lyric; lyrical
el **lirio** lily
**Lisboa** Lisbon
**liso** smooth, plain; **cabello
  liso** straight hair
la **lista** list
**literario** literary
la **literatura** literature
**lo** him; it; you; **lo que** what
**lógico** logical
**lograr** to achieve; accomplish; to manage to
el **logro** accomplishment,
  achievement
**lucrativo** lucrative, profitable
la **lucha** fight, struggle
el **luchador,** la **luchadora**
  fighter; *(adj.)* fighting
**luchar** to fight, to struggle;
  **luchar por** + *inf.* to struggle to
**luego** then; later; **luego de**
  after, right after
el **lugar** place; **lugar común**
  commonplace; **dar lugar a**

to give rise to; **en lugar de**
  in place of, instead of;
  **tener lugar** to take place
el **lujo** luxury
**luminoso** luminous
la **luna** moon
el **lunes** Monday

## LL

la **llaga** wound, sore
la **llama** llama
la **llamada** call
**llamar** to call, to name;
  **llamarse** to be named, be
  called
el **llanero** plainsman
el **llano** plain
la **llanura** plain
la **llegada** arrival
**llegar** to reach; to arrive,
  come; **llegar a** to come to,
  to get to; to manage to;
  **llegar a ser** to become
**llenar** to fill; **llenarse** to get
  full
**lleno** full
**llevadero** bearable,
  tolerable
**llevar** to carry; to wear; to
  take; **llevar a cabo** to carry
  out, accomplish
**llover (ue)** to rain
la **lluvia** rain
**lluvioso** rainy

## M

el **machismo** exaggerated
  maleness
**macho** manly
la **madre** mother
**madurar** to ripen, to mature
la **madurez** maturity
la **maestría** mastery
el **maestro** master; teacher
**mágico** magic
**magnífico** magnificent
la **magnitud** magnitude
el **maíz** corn
el **mal** illness; evil; *(adj.)* bad;
  badly; poor; poorly
el **malentendido** misunder-
  standing
**malo** bad; sick; wrong
el **maltrato** mistreatment,
  abuse

**mandar** to send; to order, be
  in command
el **mando** command; **al mando
  de** commanded by
**manejar** to handle; to drive
la **manera** manner, way; **de
  manera que** so, so that; **de
  la misma manera** in the
  same way; **a su manera** in
  his (her) own way
**manifestarse** to be dis-
  played, revealed
la **maniobra** maneuver
**manipular** to manipulate, to
  handle
la **mano** hand; **mano de obra**
  labor; **en manos de** in the
  hands of
el **manojo** bundle
el **mantenedor** maintainer,
  preserver
**mantener (ie)** to maintain,
  to keep; **mantenerse en** to
  remain in, to hold on to
el **mantenimiento** preservation
**mañana** tomorrow; *(noun)*
  morning
el **mapa** map
la **maquinaria** machinery
el **mar** sea; **Mar Caribe** Caribbean Sea
**maravillar** to astonish,
  amaze
**maravilloso** wonderful,
  marvelous, astonishing
la **marca** mark, stamp, impression
**marcar** to mark, to stamp; to
  brand
la **marcha** march
el **margen** margin; border;
  edge; **al margen de** on the
  fringe
**marginado** underprivileged
el **marido** husband
la **mariposa** butterfly
**marítimo** maritime; *(adj.)*
  sea
el **marxismo** Marxism
**marxista** Marxist
**más** more, most; **más arriba**
  above; **más allá de**
  beyond; **más bien** rather;
  **más de** more than; **más
  grande** larger, bigger; **más
  que** more than; **más tarde**
  later
la **masa** mass
la **masculinidad** masculinity

**masculino** masculine
**matar** to kill
la **matemático** mathematician; *(adj.)* mathematical
**materialista** materialistic
**materno** maternal, mother; **lengua materna** native tongue
el **matrimonio** married couple
**máximo** maximum, top
**maya** Mayan
**mayo** May
**mayor** greater; larger; older; greatest; largest; oldest; **mayor de** older than; **la mayor parte** most
la **mayoría** majority
**mayoritario** largest
el **mecanismo** mechanism
**mediante** by means of; through; by
**médico** medical
la **medida** measure; measurement; **a medida que** in proportion to
el **medio** means, way; *(adj.)* half, mid, middle; **medio ambiente** environment; **Medio Oeste** Midwest; **clase media** middle class; **por medio de** by means of, through; **en medio de** in the middle of
la **meditación** meditation
**mediterráneo** mediterranean
**mejor** better, best
el **mejoramiento** improvement; betterment
**mejorar** to improve, to better
**melódico** melodic
la **membrana** membrane
la **memoria** memory
**mencionar** to mention
**menonita** Mennonite
**menor** smaller; minor; lesser
**menos** fewer, less; least; **menos de** fewer than; **menos que** less than; **por lo menos** at least
el **mensaje** message
el **mensajero,** la **mensajera** messenger
la **mentalidad** mentality
la **mente** mind
**menudo** small; minute; **a menudo** often

el **mercado** market
el **mercantilismo** mercantilism
**mercantilista** mercantilistic
el **mes** month; **a fines de mes** toward the end of the month
la **meseta** plateau
el **mestizaje** mingling
**mestizo** half-breed (part Spanish, part Indian)
la **meta** goal, objective
**meter** to insert, to stick
**meticuloso** meticulous, scrupulous
el **método** method
**métrico** metric
el **metro** meter; subway
**metropolitano** metropolitan
**mexicano** Mexican
la **mezcla** mixture
**mezclar** to mix, to blend
**mi, mis** my
el **miedo** fear; **tener miedo** to be afraid
el **miembro** member
**mientras** while; **mientras que** while; **mientras tanto** meanwhile, in the meantime
**migratorio** migratory
**mil** thousand
el **milenio** millenium; a thousand years
**militante** militant
el, la **militar** military man or woman; *(adj.)* military
la **milla** mile
**millar** thousand
el **millón** million
el **millonario** millionaire
la **mina** mine
la **minería** mining
**minero** mining
la **miniatura** miniature
**mínimo** minimal
el **ministro** minister
la **minoría** minority
**minoritario** small, reduced
el **minuto** minute
**mío, míos** mine; of mine
la **mirada** glance, look
**mirar** to look, look at; to view, gaze
la **misa** mass
la **miseria** misery
la **misión** mission
el **misionero** missionary
**mismo** same; very; itself,

himself, themselves; **a si mismo** oneself; **ahora mismo** right now; **lo mismo que** the same thing, the same; **lo mismo que** the same as; **por eso mismo** for that very reason; **de la misma manera** in the same way
**misterioso** mysterious
la **mitad** half
el **mito** myth
**mixto** mixed
el **modelo** model
la **moderación** moderation
**moderado** moderate
la **modernización** modernization
**modernizar** to modernize
**moderno** modern
**modesto** modest
**modificar** to modify
el **modo** manner, mode; method; **de todos modos** at any rate, anyhow
el **momento** moment
el, la **monarca** monarch
la **monarquía** monarchy
**monárquico** monarchial
la **monja** nun
**monopolizar** to monopolize
la **montaña** mountain
**montañoso** mountainous
el **monte** mountain
el **monumento** monument
**morir (ue)** to die
**moro** Moor
la **mortalidad** mortality
el **mosaico** mosaic
**Moscú** Moscow
el **mostrador** counter (in a store), bar
**mostrar (ue)** to show; **mostrarse** to show oneself to be
**motivar** to motivate
el **motivo** motive, reason
**mover (ue)** to move
la **movilidad** mobility
la **movilización** mobilization
el **movimiento** movement
**mucho** much; a lot (of); a great deal; **muchos** many, numerous
**mudo** silent, mute
**mueble** piece of furniture; *(pl.)* furniture
la **muerte** death
la **muestra** sample
la **mujer** woman

la **mula** mule
  **mulato** mulatto
  **multiplicar** to multiply
la **multitud** multitude
  **mundial** world-wide, world
el **mundo** world; **del mundo** in
    the world; **todo el mundo**
    everyone, everybody
la **muralla** wall
el **museo** museum
la **música** music
  **mutuamente** each other
  **mutuo** mutual

## N

  **nacer (zc)** to be born
la **nación** nation
  **nacional** national
la **nacionalidad** nationality
el **nacionalismo** nationalism
  **nacionalista** nationalistic
la **nacionalización** nationali-
    zation
  **nacionalizar** to nationalize
  **nada** nothing; (not) any-
    thing; (adverb) not at all
  **nadar** to swim
  **nadie** nobody, no one;
    anybody
  **napoleónico** Napoleonic
la **nariz** nose
  **narrar** to narrate
  **natal** native
la **natalidad** birth
  **nativo** native
la **naturaleza** nature
la **naturalidad** naturalness
  **naturalmente** naturally
la **náusea** nausea
  **navegable** navigable
la **navegación** navigation
el **navegante** navigator
  **navegar** to navigate, to sail
la **Navidad** Christmas
  **necesario** necessary
la **necesidad** necessity; need
  **necesitar** to need
la **negación** refusal; denial
  **negar (ie)** to refuse; to deny
  **negativo** negative
la **negociación** negotiation
el **negocio** business
  **negro** black
  **nervioso** nervous
  **ni** nor; even; **ni... ni**
    neither... nor; **ni siquiera**
    not even

  **nicaragüense** Nicaraguan
el **nido** nest
la **nieve** snow
  **ningún** no, not any; **ninguno**
    no; not any; none
la **niña** (girl) child; el **niño**
    (boy) child; **los niños**
    children
el **nitrato** nitrate
el **nitrógeno** nitrogen
el **nivel** level; **nivel del mar** sea
    level
  **no** no, not, don't
el **noble** nobleman; (adj.) noble
la **noción** notion
la **noche** night
  **nómada** nomadic
  **nombrado** named,
    appointed
el **nombre** name
el **nopal** prickly pear tree
el **noreste** northeast
la **norma** rule, regulation
  **normalmente** normally
el **noroeste** northwest
la **norma** rule, regulation
  **norteamericano** North
    American, native of (to)
    the U.S.
  **nos** (to, for, from) us,
    ourselves
  **notable** noteworthy,
    notable, remarkable
  **notar** to notice
la **noticia** piece of news
  **noticioso** (adj.) news
  **notorio** well-known
la **novela** novel
el, la **novelista** novelist
  **novelístico** fictional (per-
    taining to the novel)
  **noviembre** November
el **nudo** knot
  **nuestro(s)** our
  **nueve** nine
  **nuevo** new
  **nulo** null, void, worthless
la **numeración** numbering,
    numeration
el **número** number
  **numeroso** numerous
  **nunca** never; (not) ever

## O

  **o** or; **o... o** either... or
el **obispo** bishop
el **objetivo** objective, goal

el **objeto** object, purpose; **con
    el objeto de** for the pur-
    pose of
la **obligación** obligation, duty
  **obligar** to obligate, require;
    to force
la **obra** work; **mano de obra**
    labor
el **obrero** workman, laborer;
    (adj.) labor
la **observación** observation
  **observar** to observe
la **obsesión** obsession
  **obsesionado** obsessed
  **obstaculizar** to prevent
el **obstáculo** obstacle
  **obstante** standing in the
    way; **no obstante** however,
    nevertheless; in spite of
  **obtener (ie)** to obtain, get
la **ocasión** occasion, oppor-
    tunity
  **ocasionar** to cause
  **occidental** occidental;
    western
  **occidentalizar** to westernize
el **océano** ocean
  **octavo** eighth
  **octubre** October
la **ocupación** occupation
  **ocupado** occupied; busy
  **ocupar** to occupy
  **ocurrir** to occur, to happen
  **ochenta** eighty
  **ocho** eight
el **oeste** west
  **ofender** to offend
  **ofensivo** offensive
el **oficial** official; (adj.) official
  **ofrecer (zc)** to offer
el **ofrecimiento** offering; offer
la **ofrenda** gift, offering
  **oír** to hear
el **ojo** eye
el **oleoducto** pipeline
  **oler (ue)** to smell
la **oligarquía** oligarchy
  **olmeca** Olmec
  **olvidarse** to forget
  **once** eleven
la **opción** option
la **operación** operation
  **operar** to operate
  **opinar** to express an
    opinion; to think
  **oponerse (g)** to oppose
la **oportunidad** opportunity
  **oportuno** opportune,
    suitable

la **oposición** opposition
el **opositor** opponent
   **oprimir** to oppress
el **optimismo** optimism
   **opuesto** opposite
   **opulento** opulent
la **oración** sentence
la **órbita** orbit
el **orden** order, arrangement
la **orden** order, command
   **ordenado** orderly
   **ordenar** to order
el **organismo** organization
la **organización** organization
   **organizar** to organize
el **órgano** organ
el **orgullo** pride
   **orgulloso** proud
la **orientación** orientation
   **oriental** oriental, eastern
   **orientarse** to orient oneself
   **oriente** east; Orient
el **origen** origin
   **originariamente** originally
   **originarse** to originate
la **orilla** edge; bank, shore
la **ornamentación** ornamentation
el **oro** gold
   **oscilar** to oscillate, waver
   **ostentar** to show
   **otorgar** to grant, to confer
   **otro** other, another; other one, another one; **otra vez** again; **por otra parte** on the other hand; **entre otros** among others
la **oveja** sheep
el **oxígeno** oxygen

**P**

   **pacificar** to pacify
el **padre** father
el **Padrenuestro** Lord's Prayer
el **padrino** godfather; *(pl.)* godparents
   **pagano** pagan
   **pagar** to pay
el **pago** payment
el **país** country
el **paisaje** landscape
la **palabra** word
   **pálido** pallid, pale
el **palo** stick; wood
el **pan** bread
   **panameño** Panamanian
el **pánico** panic

la **papa** potato
el **papel** paper; role
   **para** for; to; in order to; toward; **para que** so that, in order that
   **paradójico** paradoxical
el **paraíso** paradise
   **paralelamente** parallel
la **parcela** plot; small piece of land
   **parcialmente** partially
   **parecer (zc)** to seem; **parecerse (a)** to resemble, be like, be alike
   **parecido** similar, like
el, la **pariente** relative
el **párroco** parish priest
la **parte** part, place; **en gran parte** to a large (great) extent; **por parte de** on the part of; **la cuarta parte** one-fourth; **la tercera parte** one-third; **por otra parte** on the other hand; **por una parte** on the one hand; **de todas partes** from everywhere; **en todas partes** everywhere; **por todas partes** everywhere
la **participación** participation
   **participar** to participate
el **particular** private individual
la **partida** departure
el **partidario** follower, supporter
el **partido** (political) party; **tomar parte** to take sides
   **partir** to depart, leave; **a partir de** since, beginning with
el **pasado** past; *(adj.)* past, last
el **pasaporte** passport
   **pasar** to happen; to go by; to cross; to pass; to spend (time); **pasar de** to exceed; **pasar a ser** to become; **pasar a** + *inf.* to proceed to
la **pasión** passion
   **pasivo** passive
el **paso** crossing; step
el **pasto** pasture
el **paternalismo** paternalism
   **paternalista** paternalistic
la **patria** native land; **Madre Patria** Mother Country
el, la **patriota** patriot
   **patriótico** patriotic

el **patrón** boss; **santo patrón** patron saint
la **paz** peace
el **pecado** sin
el **pedazo** piece
   **pedir (i)** to ak for, request; to order
la **pedrada** stoning; hit or blow with stone
la **pelea** quarrel, fight, struggle
   **pelear** to fight, to struggle
   **peligrar** to be in danger
el **peligro** danger, peril; **correr peligro** to be in danger
el **pelo** hair
la **pena** hardship, pain
la **penetración** penetration
   **penetrar** to penetrate
el **pensador** thinker
el **pensamiento** thought
   **pensar (ie)** to think; **pensar en** to think about; **pensar** + *inf.* to intend; to plan
el **peón** laborer
   **peor** worse; worst; **lo peor** the worst
el **pepino** cucumber
   **pequeño** small, little
la **percepción** perception
   **percibir** to perceive
   **perder (ie)** to lose; **perderse** to get lost
la **pérdida** loss
   **perdurar** to last, to survive
la **perfección** perfection
   **perfeccionar** to perfect
la **perforación** drilling
la **periferia** periphery
el **periódico** newspaper; *(adj.)* periodic
el **periodismo** journalism
el, la **periodista** journalist
el **período** period (of time)
   **perjudicar** to damage, to harm
la **perla** pearl
   **permanecer (zc)** to stay, remain
   **permanente** permanent
   **permitir** to permit, allow
   **perpetrar** to perpetrate
   **perpetuar** to perpetuate
   **perplejo** perplexed, baffled
el **perro** dog
   **persa** Persian
   **perseguir (i)** to pursue; to persecute
   **persistir** to persist
la **persona** person

el **personaje** (literary) character; personage
la **personalidad** personality
el **personalismo** personalism
**personalista** personalistic
**personalmente** personally
la **perspectiva** perspective, outlook
**persuadir** to persuade
**pertenecer (zc)** to belong, to be part of
la **pertenencia** ownership
**peruano** Peruvian
el **pesar** sorrow, regret; **a pesar de** in spite of
la **pesca** fishing
**pesimista** pessimistic
el **peso** weight
el **petróleo** petroleum, oil
**petrolero** *(adj.)* oil
el **pico** peak
el **pie** foot
la **piedra** stone
la **piel** skin, hide, pelt
el **pintor,** la **pintura** painter
**pintoresco** picturesque
la **pintura** painting
la **piña** pineapple
el **pionero** pioneer
la **pirámide** pyramid
el **pirata** pirate
el **piso** floor; story (of a building)
el **placer** pleasure
el **planeta** planet
la **planta** plant
la **plantación** plantation
**plantar** to plant
la **plata** silver
la **plataforma** platform
el **plato** plate, dish
la **playa** beach
la **plaza** plaza, (city) square
**plenamente** fully
el **plomo** lead
la **pluma** pen
la **población** population; town
el **poblador** settler
**poblar (ue)** to settle, to populate; to colonize
el **pobre** poor person; *(adj.)* poor
la **pobreza** poverty
**poco** little; a little; **en poco tiempo** in a short time; **poco a poco** little by little; **pocos** few, a few
el **poder** power
**poder (ue)** to be able; can,

may; **poderse + inf.** to be possible to
el **poderío** power, might
**poderoso** powerful, mighty
**podrido** rotten
el **poema** poem
la **poesía** poetry
el **poeta** poet
**poético** poetic
la **poetisa** poetess
la **polarización** polarization
**polémico** polemic; controversial
la **policía** police
el **político** politician; *(adj.)* political
el **polvo** dust
la **pólvora** gunpowder
el **pollo** chicken
**poner (g)** to put, place; **poner fin** to put an end; **ponerse a + inf.** to set out to, to start to
la **popularidad** popularity
**popularmente** popularly, commonly
**por** for, by, during, per, through, via; for the sake of; on account of, on behalf of; because of; **por ciento** percent; **por consiguiente** consequently; **por eso** for this reason; **por lo general** generally; **por los menos** at least; **por lo tanto** therefore; **por fin** finally; **por completo** completely; **por el cual** for which; **por donde** where; **por último** finally; **por medio de** by means of; **por valor de** worth; **por y para** by and for; **¿por qué?** why?
la **porción** portion
**porque** because
el **portador** carrier
**portugués, portuguesa** Portuguese
**poseer** to own, to have, to possess
la **posesión** possession
la **posibilidad** possibility
**posible** possible
la **posición** position
**positivo** positive
**posponer** to postpone
**posterior** later, subsequent
**postular** to nominate
la **potencia** power; **potencia**

**mundial** world power
la **práctica** practice
**práctico** practical
la **pradera** meadowland, meadow
**precario** precarious
el **precedente** precedent
el **preciosismo** preciosity
**precioso** precious
**precisamente** precisely
**precolombino** pre-Columbian
el **precursor** forerunner, precursor
la **predisposición** predisposition
**predispuesto** predisposed
**predominante** predominant
**predominar** to predominate
**preferiblemente** preferably
**preferir (ie)** to prefer
el **prefijo** prefix
la **pregunta** question
**preguntar** to ask
la **prehistoria** prehistory; prehistoric times
**preincaico** pre-Incan
**prematuro** premature
el **premio** prize
la **prensa** press
la **preocupación** concern
**preocuparse** to care; to worry
la **preparación** preparation
**preparar** to prepare
la **preposición** preposition
la **prerrogativa** prerogative
el **presagio** omen; forewarning
la **presencia** presence
**presentar** to present, to show
el **presente** present; *(adj.)* present, current
la **presidencia** presidency
**presidencial** presidential
el **presidente** president
la **presión** pressure
el **préstamo** loan
**prestar** to lend; to give; **prestar atención** to pay attention; **prestarse to** lend oneself
el **prestigio** prestige
el **pretexto** pretext
**prevenir (ie)** to prevent
**previamente** previously
la **primavera** spring
**primer(o)** first; **a primera vista** at first sight

**primitivo** primitive
el **primo**, la **prima** cousin
la **princesa** princess
**principal** main, most important
el **príncipe** prince
el **principio** beginning, start; principle; **al principio** at first; **a principios de** at the beginning; **desde principios de** since the beginning of
la **prioridad** priority
la **prisión** prison
el **prisionero** prisoner
**privado** private
**privilegiado** privileged
el **privilegio** privilege
el **problema** problem
**procedente** originating; coming
**proceder** to proceed
la **procesión** procession
el **proceso** process
**proclamar** to proclaim
la **procreación** procreation
**prodigioso** prodigious; marvelous
la **producción** production
**producir (zc)** to produce
la **productividad** productivity
**productivo** productive
el **producto** product
el **productor** producer
**profano** profane
la **profecía** prophecy
la **profesión** profession
**profesional** professional
el **profesor**, la **profesora** professor, teacher
la **profundidad** depth; profundity
**profundo** profound; deep
el **progenitor** progenitor; forefather
**progresar** to progress
**progresista** progressive
**progresivamente** progressively
el **progreso** progress
**prohibir** to prohibit, forbid
**proletario** proletarian; (*noun*) proletarian
**prolífico** prolific
**prolongarse** to extend; to be prolonged
**promedio** average
**prometer** to promise
**prominente** prominent

el **promotor** promoter
**promover (ue)** to promote, to further, to advance
la **promulgación** promulgation
**promulgar** to promulgate; to proclaim
**pronosticar** to forecast, to predict
**pronto** soon
la **propaganda** propaganda, advertising
**propiamente** as such
**propicio** propitious, favorable
la **propiedad** property; ownership
**propio** proper; own, one's; itself, himself
**proponer** to propose
la **proporción** proportion
el **propósito** aim, purpose, intention
la **propuesta** proposal, proposition
**propuesto** proposed
la **prosa** prose
**prosperar** to prosper
la **prosperidad** prosperity
**próspero** prosperous; thriving
el, la **protagonista** protagonist, main character
el **protectorado** protectorate
**proteger (j)** to protect
la **protesta** protest
**protestante** Protestant
el **proveedor** provider, supplier
**proveer** to provide, supply
**provenir (ie)** arise, originate, come
la **provincia** province
la **provisión** provision; (*pl.*) supplies
la **provocación** provocation
**provocar** to provoke, to incite
la **proximidad** proximity
**próximo** next, near, neighboring
la **proyección** projection
**proyectar** to project
el **proyecto** project
**psicológico** psychological
**publicar** to publish
la **publicidad** advertising; publicity
**público** public
**pudiente** powerful, rich

el **pueblo** people; town
el **puente** bridge
la **puerta** door
el **puerto** port
**puertorriqueño** Puerto Rican
**pues** then; well; since; **así pues** thus
**puesto** placed, put; **puesto que** since
el **puesto** position, post, office
la **pugna** conflict
la **pulgada** inch
el **punto** point; **hasta cierto punto** to a certain extent
**puramente** purely
el **puritano** Puritan

## Q

**que** that, which, who, whom; than; as; for; because; **hay que** one must, it is necessary; **lo que** what; **¿qué?** what? which?; **¿por qué?** why?
**quebrado** rugged, rough
**quedar** to be left; **quedarse** to remain
**querer (ie)** to want, wish; to like, love; **querer decir** to mean
**quien(es)** who; whom; **¿quién?** who? whom?; **de quien** whose; of whom
**químico** chemical
**quince** fifteen
**quinto** fifth
**quizá(s)**, perhaps, maybe

## R

**radicalmente** radically
la **raíz** root
la **ramificación** ramification
la **rapidez** rapidity, speed
**rápido** rapid, swift, quick, quickly
**raro** rare, strange
el **rascacielos** skyscraper
el **rasgo** characteristic, trait
la **raya** stripe
el **rayo** ray
la **raza** race; breed
la **razón** reason; **tener razón** to be right
la **reacción** reaction

**reaccionar** to react
**reaccionario** reactionary
**real** real; royal, regal
la **realidad** reality; **en realidad** really, actually; **hacer realidad** to make true
**realista** realistic
la **realización** realization, fulfillment
**realizar** to accomplish; to carry out
**realmente** really, actually
**rebasar** to exceed
**rebelarse** to rebel
el, la **rebelde** rebel; *(adj.)* rebellious
la **rebelión** rebellion, revolt
**recibir** to receive, get
**reciente** recent
el **recipiente** vessel, container
**reclamar** to demand
**recoger (j)** to gather, collect, pick up
**reconocer (zc)** to recognize, acknowledge
la **reconstrucción** reconstruction
**reconstruir (y)** to rebuild
**recordar (ue)** to remember, to remind
**recorrer** to cross, to traverse
el **recorrido** trip
la **recreación** recreation
**recuperado** recovered
**recurrir** to resort (to)
el **recurso** resource; recourse
**rechazar** to reject
el **rechazo** rejection
la **red** network
**redactar** to write up, to word
la **redistribución** redistribution
**redistribuir (y)** to redistribute
**reducir (zc)** to reduce
la **reelección** reelection
**reemplazar** to replace
**referirse (ie)** to refer
**reflejar** to reflect
la **reflexión** reflection
la **reforma** reform, reformation
**reformar** to reform
el **refrán** proverb, saying
**refrigerar** to refrigerate
el **refuerzo** reinforcement
el **refugio** refuge
**regalar** to give, present

**regente** regent
el **régimen** regime
**regionalista** regional
**regir (i) (j)** to rule, govern
**registrar** to record, register
**regresar** to return, come back
el **regreso** return
**regular** to regulate; *(adj.)* medium, normal
**reinar** to reign
el **reino** kingdom
la **relación** relationship; relation; **relacionado con** related to
**relacionar** to relate
**relajar** to relax, loosen
**relatar** to tell, relate, report
**relativamente** relatively
**relevado** relieved, off-duty
**religioso** religious
el **remedio** recourse; remedy; **no tener más remedio que** to have no other choice except
**remitir** to remit, to send
**remoto** remote, faraway
el **rendimiento** yield, output
**rendir (i)** to yield, deliver
**renombrado** famous, renowned
la **renta** income
**renunciar** to resign, renounce
**repartir** to distribute, to divide
**repercutido en** had a repercussion on
**repetir (i)** to repeat
el **representante** representative
**representar** to represent
**representativo** representative
la **represión** repression
**represivo** repressive
**reprimir** to repress
la **reproducción** reproduction
**reproducir (zc)** to reproduce
la **república** republic
el **requerimiento** requirement
**requerir (ie)** to require
la **reserva** reserve
**reservar** to reserve
**residir** to reside
la **resignación** resignation
la **resistencia** resistance
**resistente** resistant
**resistir** to resist

**resolver (ue)** to resolve, solve
**respaldar** to endorse, to back
**respectivo** respective
**respecto a** with regard to
**respetar** to respect; **hacerse respetar** to make yourself be respected
el **respeto** respect, consideration; **perder el respeto** to be disrespectful
**responder** to answer, respond
la **responsabilidad** responsibility
**responsabilizarse** to take responsibility
la **respuesta** answer
**restablecer (zc)** to re-establish
**restante** remaining
la **restitución** restitution
el **resto** rest, remainder; *(pl.)* remains
la **restricción** restriction
el **resultado** result, outcome; **como resultado** as a result
**resultar** to prove to be; to result; to turn out to be
el **resumen** summary
**retardar** to retard, to slow down
**retener (ie)** to hold, to retain
la **retirada** retreat; withdrawal
**retirarse** to withdraw
el **reto** challenge
el **retorno** return
**retrasar** to delay
el **retraso** delay; slowness
el **retrato** portrait
la **revelación** revelation
**revelar** to reveal
la **revista** magazine
**revocar** to revoke
la **revolución** revolution
el **revolucionario**, la **revolucionaria** revolutionist; *(adj.)* revolutionary
la **revuelta** revolt
el **rey** king
**rezar** to pray
la **ribera** bank, shore; riverside
**rico** rich, wealthy
**rígido** rigid
el **rincón** corner
el **río** river
la **riqueza** wealth, riches
la **risa** laugh, laughter
**rítmico** rhythmic

el **ritmo** rhythm
el **rito** rite
**rodar (ue)** to roll
**rodear** to surround
**rojo** red
**romano** Roman
la **ropa** clothes, clothing
la **rosa** rose
**roto** broken, shattered
**rudimentariamente** coarsely; in a rudimentary fashion
la **rueda** wheel
el **ruido** noise
la **ruina** ruin
el **rumor** rumor; sound
**rumorear** to rumor
la **ruptura** rupture; split
**Rusia** Russia
**ruso** Russian
**rústico** rustic, coarse
la **ruta** route

## S

**saber** to know (by learning or reasoning); to find out; **saber** + *inf.* to know how to
el **sabotaje** sabotage
el **sacerdote** priest
**sacrificar** to sacrifice
**sagrado** sacred
**sajón, sajona** Saxon
**salado** salty
**salir** to go out, leave; to come out; **salir de** to leave, depart
el **salón** hall; lounge
**saludar** to greet
la **salvación** salvation
**salvadoreño** Salvadoran
**salvaje** savage, wild
**sancionar** to sanction
la **sangre** blood
**sangriento** bloody
**sanitario** sanitary
la **santidad** sanctity, holiness
el **santo**, la **santa** saint; **Semana Santa** Holy Week
la **satisfacción** satisfaction
**satisfacer (g)** to satisfy
**satisfactorio** satisfactory
**secar** to dry
el **secreto** secret; (*adj.*) secret
el, la **secuaz** fanatical follower
**secundario** secondary
la **sede** seat, headquarters

**sedentario** settled; sedentary
**seguido** continued, successive; **en seguida** at once, immediately
**seguir (i)** to follow, to continue, to keep on
**según** according to, following; depending on
**segundo** second
la **seguridad** security, safety
**seguro** sure, certain; safe, secure; **estar seguro** to be sure
**seis** six
**seiscientos** six hundred
**selecto** choice, select
la **selva** jungle, rain forest
**selvático** (*adj.*) jungle
la **semana** week; **fin de semana** weekend
**sembrar (ie)** to sow
**semejante** similar
la **semejanza** similarity
el **semicírculo** semicircle
la **semilla** seed
la **sensación** sensation
la **sensibilidad** sensitivity; sensibility
**sentenciar** to sentence
el **sentido** sense; **en todo sentido** in every sense
el **sentimiento** feeling; sentiment
**sentir (ie)** to feel; to sense
la **señal** sign, signal
**señalar** to indicate, to signal
el **señor** lord
la **separación** separation
**separado** separate, apart
**separar** to separate
el **separatismo** separatism
**septiembre** September
la **sequía** drought
el **ser** being; **ser humano** human being
**ser** to be; **llegar a ser** to become
la **serie** series
**serio** serious; **en serio** seriously
la **serpiente** serpent
el **servicio** service
la **servidumbre** servitude
**servil** subservient
**servir (i)** to serve, be useful; **servir de** to serve as, serve for
**sesenta** sixty

**setenta** seventy
**severamente** severely
el **sexo** sex
**sexualmente** sexually
**siempre** always; **para siempre** forever; **de siempre** usual
la **sien** temple (anatomy)
**siete** seven
el **siglo** century
el **significado** meaning
**significar** to mean, to signify
**significativo** significant
**siguiente** following, next
el **silencio** silence
la **silla** chair
**simbolizar** to symbolize
el **símbolo** symbol
la **simplicidad** simplicity
**simultáneamente** simultaneously
**sin** without; **sin embargo** however, still; **sin que** without
el **sindicato** trade union; labor union
**siniestro** sinister
**sino** but, rather; **no sólo... sino (también)** not only . . . but (also); **sino que** but rather; **sino hasta** until
**sinónimo** synonymous; (*noun*) synonym
**sintético** synthetic
**siquiera** at least; even; **ni siquiera** not even
el **sistema** system
el **sitio** place
la **situación** situation, position, circumstances
**situado** located
la **soberanía** sovereignty
**sobre** on; over; above; about; **sobre todo** above all, especially, most of all
**sobrenatural** supernatural
**sobrepasar** to surpass
**sobresaliente** outstanding
**sobresalir** to excel, stand out
**socialista** socialistic
la **sociedad** society
el **socio** member
**socioeconómico** socioeconomic
**sociológico** sociological
el **sociólogo** sociologist
**sofocar** to suffocate, to stifle

el **sol** sun
**solamente** only
el **soldado** soldier
la **soledad** solitude
**solemne** solemn
**soler (ue)** to be accustomed to, used to
**sólido** solid, strong, firm
**solo** alone; single, only, sole
**sólo** only, just
**soltado** freed
la **solución** solution
**solucionar** to solve, resolve
**someter** to subject; to force to yield
el **soneto** sonnet
**sor** Sister (used before name of nun)
**sórdido** sordid
el **soroche** mountain-sickness
**sorprendente** surprising; unusual
**sorprender** to surprise
la **sorpresa** surprise
**sospechar** to suspect
**sostener (ie)** to support, to hold (an opinion)
**soviético** Soviet
el **súbdito** subject (under a monarch)
el **subempleo** under-employment
**subir** to ascend, climb
**subsidiar** to subsidize
la **subsistencia** subsistence
**substituir (y)** to substitute
**subversivo** subversive
**suceder** to happen, to take place
la **sucesión** succession
**sucesivo** successive
el **suceso** event, happening
**sucio** dirty, filthy
**Sudamérica** South America
**sudamericano** South American
el **suelo** soil
el **sueño** dream
la **suerte** luck; **tener suerte** to be lucky
**suficiente** sufficient
el **sufijo** suffix
el **sufrimiento** suffering
**sufrir** to suffer
**sugerir (ie)** to suggest
**sujeto** subject
**suntuoso** sumptuous
la **superabundancia** super-abundance

**superar** to surpass; to overcome
**superficialmente** super-ficially
la **superficie** surface, area
**superior** higher; upper; superior
la **superioridad** superiority
la **supervivencia** survival
**suponer** to suppose
la **supremacía** supremacy
**supremo** supreme
**suprimir** to suppress
**supuesto** supposed; hypo-thetical
el **sur** south
el **sureste** southeast
**surgir (j)** to arise, emerge
el **suspiro** sigh
el **sustantivo** noun
el **sustento** sustenance
**sustituir (y)** to substitute
**suyo** his, hers, its, yours, theirs

**T**

el **tabaco** tobacco
la **tabla** board; table
**tal** such; **tal como** such as; **tal vez** perhaps, maybe
el **talento** talent
**tallar** to carve
el **tamaño** size
**también** also, too
**tampoco** neither; either
**tan** so; as; **tan... como** as ... as; **tan... que** so ... that
**tanto** so much; as much; **por lo tanto** therefore; **tanto... como** as much ... as; **mientras tanto** in the meantime, meanwhile
**tantos** so many, as many; **tantos... como** as many ... as
**tardar** to be long, to be late
**tarde** late; **más tarde** later; **tarde o temprano** sooner or later
la **tasa** rate
el **teatro** theater
el **teclado** keyboard
la **técnica** technique
**técnico** technical
la **tecnología** technology
**tecnológico** technological
el **techo** roof
el **tejido** textile

el **teléfono** telephone
el **telescopio** telescope
**telúrico** telluric; terrestrial, earthly
el **tema** theme; subject; topic
**tembloroso** shaking, trembling
**temer** to fear
**temeroso** fearful
el **temor** fear, dread; **tener temor** to be afraid
la **temperatura** temperature
la **tempestad** tempest
**templado** temperate
el **templo** temple
**temporalmente** temporarily
**temprano** early
la **tendencia** tendency
**tender (ie)** to hang out; **tender a** to tend to
**tendiente** tending
la **tenencia** ownership
**tener (ie)** to have, own; **tener... años** to be ... years old; **tener lugar** to take place; **tener que** to have to; **tener que ver con** to have to do with; **tener éxito** to be successful; **tener miedo** to be afraid
**tenso** tense
la **tentativa** attempt
la **teoría** theory
**teóricamente** theoretically
**tercer(o)** third
el **tercio** one-third
la **terminación** ending
**terminar** to finish; end; **terminar por** to end by
el **término** term; end; **poner término** to put an end
el **terrateniente** landholder, landowner
la **terraza** terrace
el **terremoto** earthquake
el **terreno** ground
**terrestre** terrestrial
el **territorio** territory
el **terrorismo** terrorism
el **tesoro** treasure
el **testimonio** testimony
el **texto** text
el **tiempo** time; weather; **al mismo tiempo** at the same time; **al poco tiempo** within a short time; **mucho tiempo** a long time; **tiempo de vuelo** flight time; **en poco**

**tiempo** in a short time; **con el tiempo** in time, in the course of time
la **tienda** store, shop
la **tierra** land; earth; soil, dirt; ground
el **tinte** dye
los **tíos** aunts and uncles
**típico** typical
el **tipo** type
la **tiranía** tyranny
**tiránico** tyrannical
el **título** title
**tocar** to play (a musical instrument, a record); to touch
**todavía** still; yet; **todavía no** not yet
**todo** all, every, everything; **sobre todo** especially, above all; **todo el mundo** everyone, everybody
**todopoderoso** all-powerful, almighty
**todos** all, everybody; **de todos modos** at any rate; **en todas partes** everywhere
**tolerar** to tolerate
**tomar** to take; to drink
el **tomate** tomato
la **tonalidad** tonality
la **tonelada** ton
el **tono** tone
el **toque** touch
el **toro** bull
la **torre** tower
la **totalidad** totality
**totalitario** totalitarian
**totalmente** totally
el **trabajador** worker; *(adj.)* hard-working
**trabajar** to work
el **trabajo** job; work
la **tradición** tradition
**tradicional** traditional
**tradicionalista** traditionalistic
**traducido** translated
**traer** to bring
el **tráfico** traffic
la **tragedia** tragedy
la **traición** treason
el **traidor** traitor
**transatlántico** transatlantic
la **transcendencia** importance; consequence
**transcurrir** to pass
el **transcurso** course (of time)

la **transformación** transformation
**transformar** to transform
la **transición** transition
**transitado** traveled
el **tránsito** traffic
**transmitir** to transmit
**transparente** transparent
**transportar** to transport
el **transporte** transport; transportation
**tras** after, behind
la **trascendencia** importance, consequence
**trascender (ie)** to go beyond, to spread
el **tratado** treaty
**tratar** to treat; to deal with; **tratar de** + *inf.* to try to; **tratarse de** to be a question of; to be about; to have to do with
**traumático** traumatic
el **través** bend, turn; **a través de** through, across
**trece** thirteen
**treinta** thirty
**tres** three
**trescientos** three hundred
la **tribu** tribe
la **tribuna** stand; grandstand
el **tributario** tributary
el **tributo** tribute
el **trigo** wheat
**triplicar** to triple
**triste** sad
el **triunfo** triumph
el **trono** throne
la **tropa** troop
el **trópico** tropic, the tropics
el **trueno** thunder
**tu, tus** your
la **tumba** grave, tomb
**turbar** to disturb
**turbulento** turbulent
el **turismo** tourism
el, la **turista** tourist
**turístico** pertaining to tourism

**U**

la **ubicación** location
**ubicado** located
**ulterior** subsequent, later
**último** last; final; utmost; latter; latest; **por último** finally

**ultraconservador** ultraconservative
**ultraelegante** ultraelegant
**ultramoderno** ultramodern
**ultrarefinado** ultradistinguished
**único** only; only one; unique; sole
la **unidad** unit; unity
**unido** united; close
**unificador, unificadora** unifying
**unificar** to unify
**uniforme** uniform
la **uniformidad** uniformity
**unir** to unite, join
**unitario** unitary
la **universidad** university
**universitario** *(adj.)* university
la **urbanización** urbanization
**urbanizar** to urbanize
**urbano** urban
**urgente** urgent
**uruguayo** Uruguayan
**usar** to use
el **uso** use
**usualmente** usually
la **usurpación** usurpation
**útil** useful
**utilitario** utilitarian
la **utilización** utilization, use
**utilizar** to utilize, use
la **uva** grape

**V**

la **vaca** cow; beef
las **vacaciones** vacation
**vacío** empty
**vago** vague
**valer** to be worth
**válido** valid
**valioso** valuable
el **valor** courage; value, worth
**valorado** valued
la **valorización** valuation
**valorizar** to (set a) value (to)
el **valle** valley
la **vaquería** cattle
**variar** to vary
la **variedad** variety
la **varilla** rod; stem
**varios** various, several
el **varón** male human being
el **vasallo** vassal
la **vasija** vessel, jug
el **vaso** vase; glass

**vasto** vast
el **vecino** neighbor; *(adj.)* neighboring
la **vegetación** vegetation
el **vegetal** vegetable
el **vehículo** vehicle
**veinte** twenty
**veinticinco** twenty-five
**veintidós** twenty-two
**veintitrés** twenty-three
la **vela** candle
la **velocidad** speed
el **vencedor,** la **vencedora** winner
**vencer (ze)** to win; to defeat
el **vendedor,** la **vendedora** salesperson; **vendedor ambulante** street vendor
**vender** to sell
**Venecia** Venice
**venerar** to worship
**venezolano** Venezuelan
**venir (ie)** to come
la **ventaja** advantage
**ventajoso** advantageous
**ver** to see; **a ver** let's see; **tener que ver con** to have to do with
el **verano** summer
el **verbo** verb
la **verdad** truth; **de verdad** truly, really; **¿es verdad?** is it true?
**verdadero** true, real
**verde** green
el **verso** verse
**verticalmente** vertically
el **vestido** clothing

el **vestigio** vestige
**vestir (i)** to dress
el **veterano** veteran
la **vez** time, occasion, *(pl.* **veces***)*; **a la vez** at the same time; **en vez de** instead of; **otra vez** again; **a su vez** in turn; **tal vez** maybe, perhaps; **una vez** once; **a veces** sometimes; **dos veces** twice
la **vía** road, route
**viajar** to travel
el **viaje** trip
la **víctima** victim
la **victoria** victory
**victoriosamente** victoriously
la **vida** life; **vida diaria** daily life; **esperanza de vida** life expectancy; **condiciones de vida** living conditions
**viejo** old, ancient
el **viento** wind
**vigente** in force
**vigesimal** vigesimal; (pertaining to) twenties
la **vigilancia** vigilance
**vigorosamente** vigorously
el **villano** villain
**vinculado con** tied to
la **violación** violation
**violar** to violate
la **violencia** violence
**violento** violent
la **virgen** virgin
**virreinal** viceregal
el **virreinato** vice-royalty

el **virrey** viceroy
la **virtud** virtue
la **viruela** smallpox
el **visitante** visitor
**visitar** to visit
la **vista** view
**visto** seen
la **vivienda** housing
**vivir** to live
**vivo** alive
el **vocabulario** vocabulary
la **vocación** vocation
el **vodú** voodoo
**volar** to fly
el **volcán** volcano
**voltear** to upset, roll over
la **voluntad** will
**volverse (ue)** to turn around; to turn into
**votar** to vote
la **voz** voice
el **vuelo** flight; **tiempo de vuelo** flight time
la **vulnerabilidad** vulnerability

**Y**

**y** and
**ya** already, finally, now, yet; **ya no** no longer; **ya que** since
**yugoeslavo** Yugoslavian

**Z**

**zambo** part Indian, part Negro
la **zona** zone